AF611450

NOTICE

SUR

M. LOUIS-AUGUSTE

DE DAMPIERRE

par

M. STANISLAS LE COINTE

PROFESSEUR AU LYCÉE IMPÉRIAL DE TOURNON

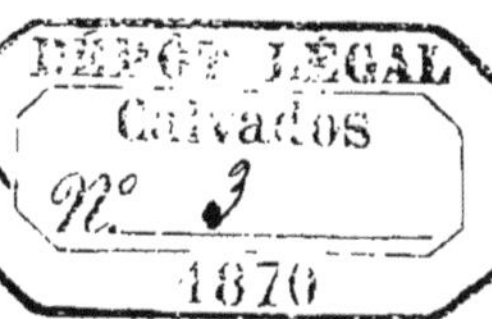

Non ullo melior quisquam, nec amantior æqui.

OVIDE.

CAEN

IMPRIMERIE DE F. LE BLANC-HARDEL, LIBRAIRE

RUE FROIDE, 2 ET 4

1869

A MADAME LA BARONNE ALIX DES ROTOURS

NÉE DE DAMPIERRE.

MADAME,

J'ai l'honneur de vous offrir cette notice dans laquelle j'ai essayé de faire revivre les traits de M. Auguste de Dampierre, votre vénérable père.

Je sais que, dans votre pensée délicate, ce travail appartenait plutôt au précepteur de M. Georges des Rotours, qui a été longtemps le confident des pensées, le dépositaire des souvenirs du défunt regretté; et, je le reconnais, mon frère seul pouvait réunir tous les faits de cette notice, et révéler ces détails, toujours charmants, souvent attendrissants, par lesquels M. de Dampierre trahissait les mystères de sa belle âme dans la vie de chaque jour et dans l'abandon de ses conversations intimes. Mais, vous le savez, Madame, j'avais contracté une dette de reconnaissance envers M. de Dampierre. Obéissant à son esprit de bienveillance, il voulut m'être utile, avant même de me connaître ; et, quand plus tard il me reçut sous son toit, il m'accueillit avec cette bonté exquise qui, malgré la différence des âges et des positions, fait sentir qu'on se trouve près d'un cœur ami. J'ai donc tenu à honneur de coopérer à ce travail.

Mais rassurez-vous, Madame ; c'est la pensée, ce sont les sentiments du précepteur de M. Georges des Rotours qui parleront dans ces pages : c'est lui qui a rassemblé tous les faits, réuni tous les souvenirs, interrogé les amis du défunt, examiné les écrits de ses compagnons d'enfance. Il m'a livré les matériaux presque tout taillés, je n'ai eu qu'à construire.

D'ailleurs, rappelez-vous, Madame, que

durant les quelques jours que j'ai passés à Bray, j'ai joui des entretiens de M. de Dampierre, doux échange de pensées littéraires, philosophiques, politiques, religieuses, qui ont laissé en moi un souvenir profond. J'étais encore jeune, il est vrai; mais il me semble que rien de ce beau caractère n'échappa alors à mon admiration. Permettez-moi une image qui rend bien mon sentiment. Il est des intelligences qui nous apparaissent comme ces belles étoiles que nous voyons briller au firmament dans les claires nuits d'été: nous aimons à suivre ces astres dans leur marche, à contempler leur éclat calme et pur; et, à la distance immense où ils sont placés, ils nous laissent deviner toute leur splendeur, sans fatiguer notre regard par le rayonnement d'une lumière trop étincelante. Telle s'est montrée à nous l'âme de M. de Dampierre, brillante de puissance et de vertus que voilait cette douce modestie chrétienne avec laquelle il se mettait à la portée de tous. Appuyé sur les documents que m'a fournis M. le curé de Cormelles, j'ai essayé de peindre

M. de Dampierre comme je l'ai connu et aimé. Puisse ce livre vous apporter, Madame, pour consoler votre cœur, une image fidèle des sentiments, un reflet pur de la pensée de celui que vous pleurez !

Veuillez agréer,

Madame,

l'expression de mon profond respect.

STANISLAS LE COINTE.

Tournon-sur-Rhône, 29 *septembre* 1869.

NOTICE

SUR

M. LOUIS-AUGUSTE DE DAMPIERRE.

I.

Historia, magistra vitæ.
CICÉRON.

Les récits des grands faits dont se compose l'histoire générale, batailles, fondations, révolutions ou chutes d'empires, instruisent les peuples et les générations : ils peuvent même servir à former un génie politique ; mais il est permis de douter que l'individu y puise une leçon bien profitable pour son amélioration morale. Les actions les plus éclatantes qui font la gloire des grands hommes ou des grands peuples, les événements funestes qui préparent ou consomment la ruine des états, ne sont pas toujours le produit d'une vertu ou d'un vice qui se manifeste par ses effets naturels; et, dès lors, la leçon est trop vague pour être fructueuse; elle frappe plus la curiosité intellectuelle qu'elle ne forme le cœur. La biographie elle-même, quand elle retrace la vie des hommes mêlés aux événements militaires et politiques des nations, garde quelque chose de cette infécondité morale. Quand on lit les hauts faits des grands capitaines, les luttes des orateurs et des politiques, les triomphes des poètes, l'esprit, frappé de l'élévation des actes et des caractères, se contente d'admirer; et, désespérant d'atteindre jamais à ces cimes élevées où le génie, ou bien la vertu, brille dans la sérénité de sa gloire, il ne se sent point invité à tenter l'effort nécessaire pour y parvenir. Et puis, je ne sais par quel prestige de notre intelligence il arrive que, même dans le calme de la lecture, la meilleure partie de la moralité des faits de cette nature se perd au milieu des grondements du canon, des applaudissements du théâtre ou des acclamations de la foule ; et le lecteur, assourdi par tout ce fracas de la gloire humaine, jouit du spectacle sans entendre la leçon. Mais quand nous entendons ou quand nous lisons un acte de justice, de charité, de dévouement, accompli dans la simplicité de la vie privée, nous en comprenons toute la beauté, sans être effrayés par sa grandeur ; et, comme le peintre qui s'ignorait encore reconnut son génie en contemplant une œuvre de grand maître, placés en face d'un acte qui ne dépasse pas les puissances morales de notre âme, nous sentons s'éveiller tout ce qu'il y a de bon en nous ; nous voudrions avoir fait ce que nous admirons dans un autre, nous nous reconnaissons même capables de le faire : « Et moi aussi, disons-nous, je puis être homme de bien ! » Et si le grain de blé est tombé dans une bonne terre, il croîtra bientôt, et donnera une riche moisson.

Le récit de la vie privée d'un homme de

bien a donc une haute portée morale ; et si, par la simplicité des faits qu'il retrace, il ne satisfait pas à toutes les exigences de la curiosité, il renonce volontiers aux triomphes de l'esprit, du moment où il peut intéresser et émouvoir le cœur.

C'est surtout dans ces peintures de la vie privée que l'on peut dire avec Plutarque, qu'un acte sans importance apparente, un mot, une plaisanterie même, nous représente le caractère et la nature surprise, pour ainsi dire, sur le fait, bien plus vivement que ne le feraient des actions brillantes qui empruntent toujours quelque chose à la mise en scène qui les entoure. Et de même que les peintres tirent la ressemblance d'un portrait des lignes mêmes du visage étudiées dans leur état naturel, sans s'inquiéter beaucoup des embellissements que pourraient apporter la richesse des vêtements ou l'élan momentané d'une passion, de même le biographe dont l'ambition se borne à peindre une âme, trouvera plus de vérité dans la simplicité des faits de la vie privée, et saisira bien mieux les traits caractéristiques de celui qu'il veut faire revivre, si l'existence qu'il raconte s'est passée loin du bruit, pure de cette grandeur factice que donnent les honneurs et la renommée. D'ailleurs la vertu placée dans ce petit cadre a encore cet avantage sur les tableaux de l'histoire générale et de la grande biographie, que les actes qu'elle a produits, vivant encore dans le souvenir des contemporains, n'ont point reçu ce caractère vague et impersonnel que donne l'éloignement dans le temps et dans l'espace, et fournissent, pour ainsi dire, une leçon parlante qu'on aime à se représenter sous des traits connus et chéris.

Telles sont les réflexions que nous inspire le souvenir d'un homme de bien que nous avons connu, et avec lequel il nous a été donné de vivre quelque temps; esprit vaste et profond, cœur généreux, chrétien rempli d'une foi aussi éclairée que candide : nous voulons parler de M. Louis-Auguste Marquier de Dampierre ; tels sont aussi les motifs de la biographie que nous allons entreprendre. Certes, si le bon vieillard qui s'éteignit au château de Bray-la-Campagne, le 6 mars dernier, pouvait voir notre plume retracer ses vertus, nul doute que sa modestie effrayée ne nous interdît de rendre ce tribut à sa mémoire; et nous-même, si nous osions nous arrêter un instant à réfléchir sur tout ce qu'il faudrait de tact et de délicatesse pour bien saisir les traits de cette belle âme, sur tout ce qu'exigerait d'art l'expression de cette noble et touchante physionomie, nous devrions rejeter la plume loin de nous, et renoncer à notre entreprise. Mais une double pensée nous conduit. Nous croyons que, du moment où la mort a marqué un nom de son sceau funèbre, la vie de cet homme, si elle renferme une leçon utile, ne doit pas périr avec lui; car c'est encore prolonger et multiplier le bien qu'un mort chéri a pu faire, que d'en fixer pour toujours le souvenir. A ce titre, la vie de M. Louis-Auguste Marquier de Dampierre appartient à l'histoire. Ajoutons enfin pour nous-même, en parlant avec Xénophon, qu'il ne serait pas bien que la perfection même des vertus d'un homme le privât des éloges qu'il a mérités, dût-il ne rencontrer qu'un biographe bien incomplet.

II.

Sois prêt pour le combat.
Imitation de J.-C.

Louis-Auguste Marquier de Dampierre, fils de Gabriel Marquier de Dampierre, chevalier de Villons, et de Marie-Anne-Catherine Mauger de La Maugerie, naquit à Bray-la-Campagne, le 10 septembre 1779.

La famille des Marquier de Dampierre était assurément fort ancienne; mais elle ne se rattachait pas aux Dampierre dont nous rencontrons le nom à diverses époques de notre histoire nationale. D'après les traditions de la famille, les Marquier de Dampierre étaient d'origine irlandaise (1). Il ne serait pas trop

(1) Nous savons que le premier nom s'écrivait d'abord *Marqwir*, auquel la prononciation et l'orthographe française substituèrent bientôt le nom de Marquier. Il dut en être de même du nom de

téméraire de penser qu'ils passèrent en France lorsque l'Angleterre, devenue protestante, commença à persécuter les catholiques d'Irlande, et détermina dans ce malheureux pays, toujours insoumis et toujours catholique, cette longue émigration qui dure depuis plus de trois siècles.

Quoi qu'il en soit, nous trouvons la famille établie en France dès l'an 1600, et en possession du fief de Villons. Franchissons un siècle et demi. Le 16 juin 1756, messire Pierre-Hervé Marquier de Dampierre, chevalier seigneur de Villons et autres lieux, conseiller du roi, président trésorier général

Dampierre qui s'écrivait très-probablement d'abord *Dampier*. Dès lors, nous avons quatre racines saxonnes : *march*, marche, frontière, en allemand *march*, puis *war*, guerre; *dam*, écluse, et *pier*, jetée de port, digue, môle.

Qu'on nous permette une hypothèse. Les *Marqwir de Dampier* furent sans doute, à l'origine, des chefs de clan, sur les frontières de l'un de ces petits états indépendants qui se maintinrent en Irlande jusqu'au XIVe siècle. Les *Marqwir*, chefs guerriers de la frontière, devaient avoir la garde d'un poste particulier, le *Dampier*, et la traduction entière du nom serait à peu près celle-ci : Garde militaire de la frontière, du poste de l'Écluse, ou, en employant le mot *marquis* avec son sens étymologique, le Marquis de l'Écluse.

honoraire de France en la généralité de Caen, achète la terre seigneuriale de Bray-la-Campagne aux deux frères Fortin, messire Jérôme Fortin, seigneur et patron de Maltot, et messire Jacques Fortin, seigneur et patron honoraire de Feuguerolles-sur-Orne, chevalier de l'ordre royal et militaire de St-Louis, qui la lui vendent solidairement au prix de quatre-vingt-six mille livres, en outre des charges. Les sieurs Fortin l'avaient achetée trois mois auparavant quarante-trois mille livres, d'une dame veuve de Grieu, de la religion réformée (1).

La différence entre les deux prix de vente s'explique par ce fait que les deux derniers

(1) Mme de Grieu était fille du chevalier de Paulmier, seigneur de Vendeuvre, qui avait acheté la seigneurie de Bray du chevalier de Fresnel, le 14 février 1692. Cette famille protestante avait sans doute une sépulture particulière dans sa propriété, car lors des terrassements que fit faire M. de Dampierre pour établir son parc, on découvrit des squelettes au point où se trouve aujourd'hui le centre du parc, et qu'on appelait encore dans le pays « Delle-d'Enfer » (Delle, sillon d'un champ).

Du reste, notons, en passant, que les protestants ont été très-nombreux autrefois dans la contrée. Saint-Silvin fut un centre de protestantisme ayant prêche et ministre. En 1657, un siècle avant l'arrivée d'Hervé Marquier de Dampierre à Bray, presque la moitié de la paroisse de Saint-Silvin était encore protestante.

vendeurs cédaient en même temps au nouvel acquéreur le droit de treizième sur les terres et paroisses qui relevaient de la seigneurie de Bray. L'acte notarié à Caen porte que messire Hervé Marquier de Dampierre « acquiert la terre *et seigneurie* de Bray-la-Campagne, laquelle est composée de deux demi-fiefs de haubert, appelés les fiefs de Bray, relevant noblement de M. le comte de Louvagny, à cause de sa seigneurie de Brocotte, les dits fiefs situés paroisse de Bray-la-Campagne, *et s'étendant aux paroisses de Cesny-aux-Vignes, Quatre-Puits et Fierville,* en la seigneurie de Bretteville et autres lieux, *avec la suzeraineté du fief de Noirbel* assis ès-paroisses de Croissanville et circonvoisines. »

La date la plus ancienne où il soit question de la seigneurie de Bray est 1383 (1). On rencontre bien le nom de Bray, *Braium*, dès le XIIe siècle ; mais comme ce nom n'est alors accompagné d'aucune désignation particulière,

(1) Archives de la famille de Dampierre.

et qu'il existe, à quelques lieues de là, un Bray-en-Cinglais, nous ne pouvons affirmer que le Bray du XIIe siècle soit Bray-la-Campagne (1).

Nous ne savons si la seigneurie de Bray fut constituée en majorat par le nouveau propriétaire. Tout ce que nous voyons, c'est que dans des actes de 1757 et de 1767, Hervé de Dampierre porte le titre de « seigneur et patron de Bray. » Il avait du reste conservé son fief de Villons, au nom duquel son fils prend rang, en 1789, dans l'Assemblée de la noblesse du bailliage de Caen.

Au religieux, la paroisse de Bray, dont le chevalier de Villons était devenu patron, était un prieuré-cure relevant de l'abbaye de Sainte-Barbe-en-Auge (2). L'abbaye nommait au prieuré, prélevait les deux tiers de la dîme et laissait l'autre tiers au prieur. Les bâti-

(1) Voir Vaultier, *Recherches historiques sur le doyenné de Vaucelles.*

Huet donne pour étymologie de Bray le mot gaulois *braia*, boue. (*Orig. de Caen*, p. 470.)

(2) Le *Livre Pelut* de Bayeux, rédigé vers 1356, mentionne l'église de Bray « Ecclesia de Bray. » Elle était taxée à 10 livres.

ments du prieuré s'élevaient à un kilomètre dans la plaine, derrière la vieille église de la paroisse construite au milieu d'un petit cimetière placé sur le bord de la route, comme les cimetières romains, *pour rappeler aux vivants*, suivant la belle expression de Properce, *le souvenir des morts qui leur furent chers pendant leur vie.*

Le château était situé en face de l'église, sur la rive droite de la Muance, au bord de la route qui conduit aujourd'hui de Saint-Silvin à Valmeray. Quand nous parlerons des travaux agronomiques d'Auguste de Dampierre, petit-fils d'Hervé, nous dirons dans quel triste état étaient alors la terre seigneuriale et la contrée. Le nouveau seigneur améliora peu sa terre, malgré d'excellentes intentions. Le fils d'Hervé, Gabriel Marquier de Dampierre, père d'Auguste, ajouta un pavillon sur le flanc du château tourné vers la route; ou plutôt, ce pavillon fut construit sur l'initiative de Catherine Mauger de La Maugerie, sa femme, qui avait la plus large part dans l'administration des affaires de la famille.

Au physique, Gabriel de Dampierre n'avait pas été favorisé par la nature : il était boiteux du pied droit. Voici son portrait, tracé en 1793 par des officiers municipaux de Rouen : « Age 70 ans (il n'en avait que 66), taille 4 pieds 11 pouces, 5 lignes (1 mètre 61), porte perruque, sourcils *noires* et peu *garnies*, yeux *bleux*, visage court et rond, bouche ordinaire, nez gros, front ordinaire, boiteux du pied droit. »

Au moral, Gabriel de Dampierre était un homme bon, un peu rude, ne s'occupant de rien, peu épris des choses de la pensée. ne s'appuyant que sur sa bonne épée.

On a souvent répété cet adage : « Tel père, tel fils. » Il faut se défier de ces arrêts proverbiaux qu'on a appelés la sagesse des nations. Si on les prenait pour loi absolue, on s'exposerait souvent à mal juger les hommes et les choses. S'il est dans l'ordre de la nature que les qualités physiques et morales puissent se transmettre avec la naissance, un esprit prudent fera toujours la part qui revient aux circonstances, aux temps, aux milieux où l'on vit, à l'éducation surtout, qui, en bien comme en mal, peut refaire une nouvelle nature. L'éducation est la véritable force génératrice de l'âme.

Il semble aussi qu'il soit naturel que le fils reçoive dans son éducation une empreinte plus profonde du caractère paternel, et que l'action de la mère devienne de bonne heure moins puissante sur une jeune âme qui se sent appelée à l'exercice viril de la volonté et à l'initiative indépendante de la vie extérieure : c'est le contraire qui arriva pour Auguste de Dampierre ; et cette dérogation à une loi toute naturelle fut pour lui très-heureuse.

Certainement Gabriel de Dampierre possédait à un très-haut degré les principes de dignité et d'honneur qui font le vrai gentilhomme ; mais il avait les défauts de la noblesse de son temps et de sa province. Sans peur, comme un de nos héros légendaires, il eût été sans reproche, si sa main n'eût été trop prompte à saisir l'épée : il était batailleur et duelliste. Irlandais d'origine, Normand d'adoption, il détestait les Anglais ; et nul doute que, s'il eût pris place dans une de nos assemblées nationales, aussi haineux que le vieux Caton, il eût terminé tous ses discours par ces mots : « Et, de plus, je suis d'avis qu'il faut détruire l'Angleterre. »

Blessé dans un duel dont nous ignorons la cause, nous le revoyons bientôt les armes à la main en face d'un Anglais. C'était affaire d'honneur national : l'Anglais fut tué. Mais le sang répandu n'éteint point les haines. Le vaincu laissait, en tombant, des amis prêts à le venger. Un soir, Gabriel de Dampierre traversait paisiblement la place Royale de Caen, lorsqu'il se vit tout à coup assailli par quatre Anglais, tous l'épée à la main. Il était boiteux, mais son courage, encore plus que son infirmité, l'empêche de songer à la fuite. Il regarde le péril avec sang-froid, et sa résolution est bientôt prise. Couvert de son épée, redoutable dans une telle main, il recule lentement vers l'Hôtel-de-Ville, s'adosse à la muraille, et, désormais à l'abri de toute surprise, il soutient l'attaque de ses quatre adversaires. Bientôt deux Anglais tombent successivement, percés de part en part ; les deux autres effrayés prennent la fuite. Cette fois, c'était plus qu'une victoire de duelliste : c'était le triomphe de la bravoure sur la lâcheté et la perfidie.

Cette action fit du bruit, et quelques jours après, au milieu d'une réunion publique, un des gentilshommes les plus célèbres à cette époque dans la province, s'avança vers Gabriel de Dampierre, lui témoigna, en le félicitant de sa victoire, le désir de « toucher la main qui avait accompli si belle prouesse », et lui dit en le quittant : « A la vie, à la mort, chevalier. »

Tel était le caractère du père d'Auguste de Dampierre ; tel était celui de la noblesse normande : on portait l'épée, il fallait s'en servir ; et quand la France était en paix, le duel remplaçait la guerre. — « Mon père était bien un peu ferrailleur, disait parfois en souriant Auguste de Dampierre ; mais c'était l'esprit de l'époque. » Et dans la délicatesse de son respect filial pour une chère mémoire, il aimait à excuser le tempérament violent de son père en racontant l'anecdote suivante :

Un jeune noble qui servait à Paris dans les chevau-légers obtient un congé, et revient dans sa famille contrairement à la volonté de son père. Le vieux gentilhomme voit dans ce retour inattendu un acte attentatoire à son autorité paternelle. Mais comment punir un chevau-léger à qui son âge, son titre, son épée, semblaient devoir assurer une certaine indépendance de conduite? Le père provoque le fils en duel; le fils accepte. Ici la passion allait toucher au crime. La nuit est obscure, les témoins manquent : qu'importe? Le père veut vider la querelle à l'instant même, derrière les murs du château; et comme don Diègue, il disait :

> Ce n'est que dans le sang qu'on lave un tel outrage :
> Meurs ou tue.

Chaque instant de retard ferait sans doute tache sur son nom. Mais le fils, moins bouillant, fait entendre à ce Brutus du duel qu'il est prêt à lui donner satisfaction de tous ses griefs, mais qu'il ne peut cependant exposer son honneur; que s'il tuait son père dans un combat nocturne, il pourrait être accusé d'assassinat. — « Attendons le jour, dit-il, nous prendrons des témoins : et quelle que soit l'issue du combat, votre honneur, comme le mien, sera sauf. » — Le point d'honneur invoqué fut plus puissant que le sentiment de l'amour paternel : le vieux duelliste consentit à attendre le matin pour égorger son fils. Mais quand, le soleil levé, il saisit sa bonne épée pour courir sur le terrain, il ne trouva plus d'adversaire. Le fils, plus sage, avait pris la fuite pendant la nuit pour échapper à l'horreur d'un parricide.

Auguste de Dampierre avait hérité de son père un caractère impérieux et insoumis ; et la nature avait posé sur ses lèvres une expression de fierté moqueuse si profonde qu'une longue vie, toute remplie de sentiments et d'œuvres de charité, n'avait pu l'effacer entièrement. Un tel caractère, dans le temps où naquit Auguste de Dampierre, eût pu devenir un véritable danger pour lui, s'il n'avait eu une excellente mère. Une bonne mère, intelligente et chrétienne, est le don le plus précieux que la Providence puisse faire à l'homme ; car une mère sait seule parler à l'enfant, gouverner son esprit naissant, et faire germer la foi en s'adressant au cœur ; elle seule sait s'emparer, pour ainsi dire d'instinct, sans effort et sans violence, de toutes les forces morales de ce jeune être, dont la nature est encore si flexible, pour les tourner vers le bien. Son autorité n'est point celle d'un maître, son enseignement rejette la gravité des méthodes ; elle n'obéit qu'aux inspirations du cœur. Ses leçons ne sont qu'une effusion d'amour, un épanchement de l'âme. Elle se fait enfantine et naïve, ignorante même et simple d'esprit, pour être mieux comprise de la frêle intelligence qu'elle veut former. Aussi toutes ses pensées sont saisies ; et l'enfant suspendu à ses lèvres boit, pour ainsi dire, ses paroles avec avidité. Un regard souriant ou grave, un geste, une prière qui se fond souvent dans un baiser, voilà sa puissance. Si parfois elle a besoin d'armer son front de sévérité devant les manifestations d'un défaut, la correction infligée avec le calme et la dignité de la justice n'altère en rien l'affection réciproque du petit coupable et de son juge, toujours intérieurement attendri. Que de fautes, nous l'avons vu souvent, évitées par l'enfant pour ne pas être privé, le soir, du baiser maternel, avant de s'endormir ! Et quelle triomphante institutrice qu'une mère, lorsque, matin et soir, joignant entre les siennes les deux petites mains de l'enfant qui balbutie à peine, elle murmure à son oreille une de ces prières naïves que Dieu seul peut comprendre et recevoir ! L'enfant s'est recueilli instinctivement : il n'a peut-être pas compris le sens des mots, mais le sentiment de la prière est entré dans son âme ; et quand la voix pieuse de sa mère lui prononce avec amour les noms de Jésus et de Marie, il les répète avec son pur sourire, comme le nom d'une autre mère inconnue et d'un frère tout-puissant et bien-aimé qui veillent sur lui. Moments délicieux, souvenirs touchants, qu'on emporte avec soi à travers la vie, et qui font, bien plus que ce que l'on apprend plus tard, le point d'appui de notre force morale !

Auguste de Dampierre conserva jusqu'aux derniers jours de sa vie le souvenir de ces leçons pieuses de l'amour maternel ; et le vénérable vieillard aimait à répéter que c'était à sa mère qu'il devait ses croyances et son esprit de religion. Il sentait qu'il n'avait pas fallu moins que la vigilance de l'amour maternel aidé de la religion pour dompter son caractère. La lutte fut longue et difficile : surveillance constante, soins minutieux, dévouement de toutes les heures, rien ne coûta à la mère chrétienne qui avait concentré toutes ses pensées sur son fils, dont elle voulait faire un homme complet et chrétien. Dieu bénit ses efforts.

Mme de Dampierre eut dans cette tâche un peu rude un aide puissant dans le précepteur qu'elle sut choisir pour son fils. M. l'abbé Raimbaux était un esprit cultivé : c'était aussi un homme de cœur. Bon et ferme tout à la fois, il avait cette force secrète, si précieuse dans le travail de l'éducation, qui fait accepter par le coupable le blâme et la punition, sans que l'affection du disciple pour le maître en soit altérée. En s'adressant au cœur naturellement chaud et généreux de son élève, il comprit bientôt que cette raideur impérieuse du caractère, qui avait pu éveiller les craintes maternelles, n'était pas le fait d'un véritable vice de nature : il crut y voir le sentiment d'une âme vigoureuse qui éprouvait le besoin de développer son activité, et de l'imposer même aux autres. Chez tous les êtres, les premières manifestations de la puissance active ne sont-elles pas toujours un peu désordonnées ? C'était une force dont il fallait savoir régler et utiliser le mouvement. Comme ces eaux courantes qui descendent de la montagne troubles et menaçantes, et qui, conduites dans des canaux qui les contiennent et les distribuent à propos, répandent la fécondité dans les campagnes mêmes qu'elles menaçaient de détruire, l'élan de cette forte nature, habilement dirigé vers un but utile, devait produire les plus heureux résultats.

L'enfant était doué de facultés surprenantes. Il avait une merveilleuse puissance de compréhension pour les idées de tout ordre ; son jugement remarquablement sûr discernait presque instantanément le vrai du faux, et sa mémoire prodigieuse gardait tout ce qu'on voulait lui confier. Il embrassa l'étude avec ardeur, et fit de rapides progrès. A treize ans, il comprenait et traduisait Horace. L'étude et l'instruction achevèrent d'adoucir les angles de ce caractère d'abord si difficile à manier : les luttes de la vie, qui commencèrent de bonne heure pour lui, allaient y mettre le sceau.

On était arrivé aux derniers mois de l'année 1791. La royauté attaquée de tous côtés, mal conseillée, trop faible pour se défendre elle-même, n'était plus aux mains de ses ennemis qu'un jouet qu'ils allaient bientôt briser. Les princes de l'Europe, effrayés des progrès menaçants de la révolution française, s'étaient décidés, au congrès de Pilnitz, à prendre les armes pour la défense du pouvoir monarchique ; l'émigration augmentait, tandis que, à l'intérieur, l'Angleterre entretenait des menées et préparait des soulèvements partiels.

La noblesse de Caen et lieux circonvoisins, sollicitée par des appels secrets, forma le complot de s'emparer d'abord de la ville, puis de la province : entreprise mal conçue et mal dirigée, et dès lors sans importance. M. Gabriel de Dampierre était déjà plus que sexagénaire ; mais l'âge n'avait pas calmé ses ardeurs batailleuses. Il crut devoir encore son épée au roi, et se jeta dans le complot, sans doute à l'insu des siens. On avait décidé une prise d'armes générale à jour fixe. L'heure venue, il sort de sa maison de la place Saint-Sauveur, où il avait un pied-à-terre, pour marcher au rendez-vous, l'épée au côté, tout prêt au combat. Mais la petite conspiration de la noblesse caennaise avait été découverte, et des patrouilles de garde nationale remplissaient les rues de la ville, pour réprimer toute tentative. Au moment où il paraît sur la place, Gabriel de Dampierre rencontre une de ces patrouilles. La garde civique allait se précipiter sur ce noble qui osait encore porter l'épée, lorsque le sergent de la troupe, qui avait reçu quelques services de Mme de Dampierre, reconnut le chevalier. La mémoire du cœur fit taire la passion politique ; et le chef de la patrouille résolut de sauver le mari de sa bienfaitrice. La chose paraissait difficile : Gabriel de Dampierre était violent, les gardes nationaux étaient irrités ; mais le cœur donne parfois de l'esprit aux plus simples. Le sergent saisit brusquement le chevalier par les épaules et le repousse dans sa maison, en s'écriant : « Honneur au bon patriote qui, quoique boiteux, vient au secours de la patrie menacée. Ce serait vraiment dommage d'exposer un citoyen si dévoué. Il faut qu'il reste chez lui. » Et ce disant, il enferme dans sa maison le vieux royaliste qui protestait contre les décisions de la patrouille.

Après cette étrange échauffourée, Gabriel de Dampierre, d'accord cette fois avec sa famille, crut prudent de quitter le pays. Il alla se fixer à Rouen, rue de Crosne, où il resta, soit seul, soit avec les siens, du 11 novembre 1791 jusqu'au 10 août 1793, « excepté, dit l'acte de présence inscrit à cette dernière date sur les registres civils de Rouen, un mois d'absence que le citoyen passa à Caen et à Bray pour ses affaires (1). »

Mme de Dampierre était restée seule à Bray avec son jeune fils et l'abbé Raimbaux qui continuait, au milieu des bouleversements politiques, l'éducation qu'il avait si heureusement commencée. Mais les événements marchent vite : onze mois plus tard, le pouvoir royal était suspendu, Louis XVI enfermé au temple, les tribunaux ordinaires suspendus comme le pouvoir royal, et le tribunal révolutionnaire érigé. Les attaques et les poursuites contre les familles dont le nom nobiliaire ou l'esprit de religion bien connu soulevaient les colères républicaines, allaient augmentant de jour en jour ; cacher un prêtre devenait un acte de dévouement qui pouvait coûter la vie. On craignait d'autant plus à Bray que l'on se savait à peine à une lieue de Saint-Silvin, bourg

(1) Différents actes consignés sur les registres de la commune de Rouen constatent que Pierre-Gabriel Marquier de Dampierre a eu son domicile à Rouen du 11 novembre 1791 jusqu'au 10 août 1793. Ces actes se trouvent transcrits sur les registres de l'état civil de Bray-la-Campagne. Du reste, M. Marquier ne quitta définitivement Rouen que vers la fin de décembre 1793.

qui eut la triste gloire, à cette époque, d'être le centre révolutionnaire de la contrée et de donner l'impulsion à tous les excès. A chaque heure, on s'attendait à quelque danger. Le danger arriva. Le 26 août 1792, ordre est envoyé de Paris à toutes les municipalités de France d'opérer, à jour fixe, une visite domiciliaire dans toutes les familles soupçonnées de recéler des prêtres. Comment l'arrivée de cet ordre transpira-t-elle dans le public ? Nous l'ignorons. Nous savons seulement que la commune de Bray, bien qu'elle fût déjà travaillée par les passions révolutionnaires, avait montré jusque-là une certaine modération, et que les populations les plus voisines de Bray étaient restées dans un état de calme relativement assez grand. La famille de Dampierre avait toujours été aimée depuis son arrivée dans le pays jusqu'à ces sombres jours : reçut-on au château quelque avis secret ? Les passions politiques et irréligieuses, violemment surexcitées à Saint-Silvin, empêchèrent-elles les patriotes de garder sur cet ordre le silence absolu nécessaire à l'accomplissement de leurs projets ? Quoi qu'il en soit, on pressentait au château de Bray une descente des sans-culottes silvinois. L'abbé Raimbaux devait songer à quitter sa retraite. Mais combien lui restait-il de temps pour préparer et assurer sa fuite ? Mme de Dampierre était dans l'angoisse.

C'est alors que le jeune Auguste (il avait treize ans) montra que, si l'éducation avait assoupli son caractère, elle n'avait en rien diminué le courage qu'il avait hérité de son père. Il court à Saint-Silvin, se mêle aux groupes qui stationnent devant la mairie, écoute les conversations et comprend que l'on tient conseil dans la maison communale pour régler l'exécution de l'ordre reçu. Il s'approche furtivement de la porte de la mairie, applique son oreille à la serrure et entend la lecture du procès-verbal de la décision qui vient d'être prise. Un seul instant de retard perdait sa famille avec l'abbé Raimbaux, car les patriotes de Saint-Silvin allaient arriver dans quelques heures à Bray. Auguste de Dampierre revient à la hâte, et raconte tout ce qu'il a vu et entendu. L'abbé Raimbaux dit adieu à son élève et quitte le château.

Cependant une troupe de vertueux citoyens de Saint-Silvin se dirigeait déjà vers Bray. Elle arrive au château et en trouve les portes fermées. Le chef de la bande, indigné d'un fait tout naturel, cogne violemment ; les domestiques effrayés n'osent ouvrir. Auguste de Dampierre qui s'élevait en courage à mesure que le danger grandissait, se charge de ce soin ; mais décidé à repousser par la force tout acte de violence, il s'arme d'abord et se dirige vers la porte d'entrée. Cependant la troupe s'impatiente et murmure :

« Escaladons le mur des aristocrates » s'écrient les plus ardents.

« La loi le défend, » répond l'enfant qui arrive et entend la menace ; « j'envoie une balle dans la tête du premier j. f. qui escalade le mur. »

Cette éloquence un peu vive peint le caractère.

« Attendons, » dit un homme du pays qui s'était joint à la bande de Saint-Silvin, « le petit b. le ferait comme il le dit. »

L'enfant ouvrit. On sait déjà que la perquisition devait être sans danger comme sans résultat. L'abbé Raimbaux gagnait alors par des chemins détournés et solitaires le bois de Plaisir, près de Vieux-Fumé, où il se cacha une nuit entière. C'était pour lui la première étape vers l'exil, car quelques jours après il passait en Angleterre.

La République est proclamée. La situation de Mme de Dampierre et de son fils devenait critique au milieu d'une campagne où les esprits, alors si grossiers et si peu éclairés, pouvaient se porter à tous les excès ; et il était prudent pour eux d'aller rejoindre à Rouen M. Gabriel de Dampierre qui les appelait. Ils partirent donc, laissant le château à la garde d'un vieux domestique nommé Gallot, dont le dévouement sauva le bien de ses maîtres de toute déprédation.

Dans le même temps un cousin de M. Gabriel de Dampierre, M. Augustin des Rotours, chef d'une famille dont le nom reparaîtra souvent dans cette notice, quittait les environs de Vire pour fuir les attaques des patriotes du pays, et venait se réfugier avec les siens d'abord à Caen, dans la maison qu'il possédait à Bagatelle, puis dans son fief de Quatre-Puits, à deux kilomètres de Bray. Dans les nombreux voyages qu'Augustin des Rotours faisait à Quatre-Puits, avant la Révolution, les familles de Dampierre et des Rotours se voyaient tous les jours, comme elles le faisaient dans leurs séjours à Caen. Bientôt elles se retrouvèrent à Rouen ; puis lorsque, la Terreur passée, les fugitifs revinrent, il y eut des rencontres fréquentes soit à Caen, soit à Quatre-Puits, soit à Bray, et une amitié qui ne devait finir qu'avec la vie se forma entre les jeunes représentants des deux familles, Jules et Gabriel des Rotours et Auguste de Dampierre.

La longue absence de M. Gabriel de Dampierre et le départ de sa femme et de son fils qui ne révélèrent sans doute à personne le terme de leur voyage, eurent de graves conséquences. On crut ou on feignit de croire qu'ils étaient passés à l'étranger; leur nom fut inscrit sur la liste des émigrés, et leurs biens mis sous le sequestre. Ici les actes de *comparence* dont nous avons parlé prennent un caractère de haute importance. Gabriel de Dampierre obéit-il simplement aux exigences des règlements de police de l'époque contre les nobles ? Fut-il lui-même au moins le promoteur de l'acte du 1er décembre 1792 ? Nous n'osons rien affirmer. Quoi qu'il en soit, ces actes devinrent pour lui une arme de défense, pour le cas fort probable d'une arrestation ; et, s'il échappait à ce danger, il y puisait encore la preuve évidente qu'il n'était jamais déchu de ses droits et qualités de citoyen, pour le moment où il lui plairait d'adresser une requête au pouvoir.

Grâce aux actes municipaux que nous avons recueillis sur les registres de Bray, nous pourrions suivre, presque jour par jour, les faits et gestes du citoyen Marquier. Citons les principaux.

Le 30 juin 1793, en pleine Terreur, « les administrateurs composant le directoire du département du Calvados, à Caen, vu la requête présentée par le citoyen Marquier, résidant à Rouen depuis dix-huit mois, accordent à l'exposant, aux charges de droit, main levée du séquestre mis sur ses biens, et arrêtent que son nom sera rayé sur la liste des émigrés. »

Ce qu'il y a de merveilleux dans le succès de cette requête, c'est qu'il est dû au courage, au sang-froid et à l'intelligence d'un enfant de 14 ans à peine, au jeune Auguste de Dampierre. Son père était à Rouen, comme le constate l'acte lui-même. Ce fut ce jeune enfant qui réunit toutes les pièces, qui présenta la requête, fit les démarches nécessaires auprès des administrateurs; il montra tant de zèle et même tant d'esprit, qu'un des membres du directoire départemental s'intéressa à la demande du petit citoyen qui savait faire ses affaires avec tant d'intelligence. Quoique sûr désormais de réussir, il n'était pas enfant à s'endormir dans les joies d'un premier succès. Tant qu'il n'avait pas entre les mains l'acte important qui devait assurer le salut des siens, il ne croyait pas pouvoir se reposer. Le jour où il espérait obtenir l'objet de sa requête arriva enfin. Le jeune Auguste se leva dès l'aurore, partit à pied pour Caen, se présenta de bonne heure chez l'administrateur dont il avait conquis la bienveillance ; mais, triste déception, il manquait au dossier une pièce importante sans laquelle l'acte ne pouvait être délivré, et cette pièce devait se trouver à la mairie d'Anisy, à deux lieues environ au-delà de Caen, vers la mer ! Sans se décourager, l'enfant se rend aussitôt à Anisy, trouve la pièce exigée, et revient triomphant la présenter à l'administrateur qui fut heureux, nous n'en doutons pas, de récompenser tant de généreuse activité en rendant le décret demandé. Muni de l'acte précieux, notre petit homme tout joyeux repart pour Bray, où il arrive, non sans fatigue : il avait fait quatorze lieues dans la journée ! Comme sa mère dut l'embrasser !

Le 9 frimaire an II (29 novembre 1793), le maire et les officiers municipaux de Bray « reconnaissent que les papiers des droits féodaux ont été déposés au greffe de la municipalité, à la réserve de plusieurs *aveux* et autres papiers qui ne se sont pas trouvés »

— « à l'effet de quoi, ajoutaient-ils, ils ne peuvent les brûler que le tout ne soit rempli. » — « Les papiers nous ont été déposés, disaient-ils encore, par le citoyen Allan, domestique du citoyen Marquier, demeurant à Rouen, qui nous dit être envoyé exprès. » Quinze jours étaient accordés par le conseil pour retrouver les papiers absents. On les chercha en vain : ils étaient perdus.

La Terreur sévissait. A cette heure terrible et solennelle, la soumission la plus entière aux exigences des nouvelles lois était le seul moyen de salut. M. Gabriel de Dampierre quitte Rouen, se présente lui-même, le 16 nivôse suivant (5 janvier 1794), à la maison communale de Bray, et « déclare à Valentin et François Bouillard et à Charles Meaulle, qu'il ne peut leur représenter leurs *aveux*, vu qu'il ne les a pas; qu'il les leur rendra, si jamais il les retrouve. » Il leur promet d'ailleurs de ne jamais leur rien demander. On se contenta de sa déclaration, et on lui accorda un nouveau délai de quatorze jours.

Le même jour, 16 nivôse, le citoyen Marquier réclame un certificat de civisme : « Ce que nous lui avons accordé, disent le maire et son conseil, comme le dit citoyen a toujours donné et continue de donner des preuves d'un civisme pur et simple, *et non équivoque*, puisque dès les premiers volontaires qui se sont portés à la défense de la patrie, il *leurs* a donné une somme de 100 livres ; et à ceux de la levée de 300,000 hommes, il *leurs* a donné 600 livres et a payé en outre ses impositions foncières ou mobiliaires. »

La bonne volonté des autorités de Bray se trahit dans toute la rédaction de cet acte : le zèle à payer les impositions, les dons patriotiques y sont complaisamment énumérés ; les mots « *et non équivoques* » sont écrits à la marge, comme si le conseil pensait ne pouvoir affirmer trop fortement sa déclaration. Si nous en croyons la tradition, cette bienveillance, qui succédait subitement à mille tracasseries, s'expliquerait par l'effet qu'aurait produit, à cette date, sur les patriotes brayois, le bruit que M. de Dampierre, à son retour de Rouen, avait reçu des habitants de Fierville une invitation à venir s'établir chez eux, pour se soustraire aux persécutions auxquelles il était en butte à Bray. On voulait bien tourmenter un peu le ci-devant noble, mais non le forcer à partir. On tenait encore à lui, ou du moins aux bienfaits que Mme de Dampierre répandait chaque jour sur les malheureux.

30 nivôse an II (19 janvier 1794). Le jour où l'on devait brûler les papiers des droits féodaux était enfin arrivé; et bien que le citoyen Marquier n'eût pu les compléter, on se décida à détruire ceux qu'on tenait. Le conseil municipal et les officiers du comité de surveillance se réunissent à la commune, et le maire, en présence de l'assemblée recueillie, jette au feu les papiers féodaux avec une gravité sereine. Le parchemin pétille un instant et tout est consommé. Les cris de Vive la République! éclatent dans la salle, et sont répétés avec enthousiasme par les patriotes du village qui entourent la maison commune.

M. Gabriel de Dampierre n'accepta point la proposition des habitants de Fierville. Le 12 floréal an II (1er mai 1794), « le citoyen

Marquier et sa femme, qui ordinairement avaient leur domicile à Bray, et qui depuis quelque temps résidaient à Caen, déclarent fixer leur résidence à Bray, ainsi que leurs parents, Louise Mauger, Catherine Guillemette, Marquier de Crux, et Isidore Marquier Diéville (1). » La loi exigeait qu'ils comparussent tous, chaque jour, à la commune. « Mais la commune ne pouvant s'assembler tous les jours à cause des travaux de la campagne, connaissant d'ailleurs leur probité, et persuadée du civisme desdits citoyens et citoyennes, leur assigna pour leur *comparence* en la maison communale le décadi de chaque décade, à 7 heures du soir. »

Le 8 prairial suivant (27 mai), un administrateur du district de Falaise arrive à Bray, vérifie les registres, et déclare sévèrement aux officiers municipaux « qu'ils n'ont pas le droit d'accorder de délai de *comparence* au citoyen Marquier. » Conséquemment on intime audit

(1) La famille Marquier est maintenant représentée par M. le marquis et M. le comte Marquier de Crux.

Marquier l'ordre « de se présenter tous les jours, lui et les siens. »

Les *comparences* sont d'abord constatées par un acte particulier pour chaque jour, acte daté et paraphé; puis on se fatigue en messidor, et les registres ne portent plus qu'une série de dates avec ces deux mots : « *Idem*, *comparence* » pour les mois de messidor, thermidor, fructidor an II, et vendémiaire an III. Mais le régime de la Terreur avait pris fin, et les registres restent désormais muets. Le repos était enfin venu pour la famille d'Auguste de Dampierre, et le silence se fait sur elle jusqu'au 27 thermidor an VIII (14 août 1800); encore ne trouvons-nous à cette date qu'un acte concernant une famille amie, les Harivel de Gonneville qui ont élu domicile chez M. de Dampierre : « Le sieur de Gonneville est autorisé par le maire de la commune de Bray à séjourner douze décades à Caen pour la gestion de ses affaires (1). »

(1) M. Aymar Le Harivel de Gonneville, colonel en retraite, est le fils de M. de Gonneville qui figure dans ces *comparences*. Il a été l'intime ami de M. de Dampierre.

Que faisait le jeune Auguste pendant les dernières années du siècle? Ses études étaient loin d'être complètes, lorsque la Révolution le sépara brusquement de son précepteur ; mais elles étaient assez avancées pour que son intelligence éveillée ne voulût point se contenter d'une instruction à peine ébauchée. Il entreprit de les continuer seul, et nous le voyons se créer dans ce but des relations littéraires et scientifiques avec son jeune ami Gabriel des Rotours.

Bientôt, la vie publique le réclame. Dès le mois de pluviôse an XI, il prend part à la direction des affaires de la commune de Bray. Le 20 pluviôse an XI (8 février 1803), nous le voyons en effet président du bureau du conseil municipal pour la reddition des comptes du percepteur ; et le 25 du même mois, il assiste au conseil, et sa signature est la première apposée au bas de la délibération du jour. Nous trouvons même à la suite le signalement du citoyen Auguste de Dampierre : « Age, 23 ans ; taille, 1m 706 ; front bas, yeux gris, *née* gros, bouche petite, menton rond, visage *osval.* » Dirons-nous que le portrait était fidèle ? Il l'était comme tous les portraits de ce genre, que nous voudrions appeler des tracés géométriques. Il y manquait le trait de la pensée et du sentiment, l'expression, la vie, c'est-à-dire tout.

L'Empire est fondé : l'intelligence et le vrai mérite vont reprendre leur rang dans la société : l'ordre règne, brillant de gloire et de puissance, mais la liberté a sombré. Le bien ne peut, hélas ! être complet dans les choses humaines. Auguste de Dampierre devient maire de Bray, fonction qu'il conserve jusqu'en 1834 pour la remettre aux mains de M. Léon des Rotours. L'estime de ses concitoyens l'appelle même bientôt au conseil d'arrondissement, dont il fait partie jusqu'en 1830. Ce fut là toute sa carrière administrative et politique.

Deux graves événements avaient déjà marqué sa vie privée : il avait perdu sa mère, et il s'était marié. Le 23 juillet 1801, Mme Gabriel de Dampierre avait été emportée par une mort prématurée. C'était le premier deuil de la vie que nous racontons, c'en fut aussi un des plus grands, car Auguste de Dampierre avait un culte particulier pour sa mère, dont il avait compris la grandeur de caractère et le saint dévouement. L'épitaphe qu'il fit graver sur son tombeau nous donne l'expression vraie de sa douleur et de son amour filial. Quand on a connu le caractère grave et simple d'Auguste de Dampierre et que l'on sait que les pierres sépulcrales qui recouvrent les tombes de son père, de sa femme, de ses enfants, morts depuis à Bray, ne portent qu'un nom et deux dates, celle de la naissance et celle du décès, on sent que le fils éploré n'a pu arrêter ici le cri du cœur. Voici cette épitaphe.

Ici repose le corps de Marie-Anne-Catherine Mauger Dampierre, décédée à Bray-la-Campagne, le 23 juillet 1801. Elle fut pendant sa vie le modèle de toutes les vertus : épouse fidèle, mère tendre, amie sincère. Vous au moins *qui avez été ses amis, ou qui avez éprouvé sa charité ou ses bienfaits, priez Dieu pour le repos de son âme.*

Quelle connaissance de l'indifférence des

hommes et quelle supplication profonde et émue dans ces deux simples mots : *au moins!* C'est l'appel de l'âme qui souffre, mais qui croit et espère en Dieu.

Privé de ces sages conseils et de cette douce tendresse dont on a encore tant besoin à vingt ans, Auguste de Dampierre se sentit comme orphelin, et il éprouva bientôt le besoin d'une nouvelle affection qui attachât fortement à la vie son âme à la fois sensible et vigoureuse. Il se chercha donc une compagne, et il la trouva dans une noble famille qui a laissé à Caen d'heureux souvenirs. Mlle Mélanie Le Forestier d'Osseville était fille d'Alexandre-François Le Forestier, comte d'Osseville, qui présida, en 1788, l'Assemblée du département de Carentan, et sœur du comte Louis d'Osseville, qui fut maire de Caen de 1824 à 1830 (1). Nous nous rappelons encore avoir vu dans notre enfance le frère de Mélanie d'Osseville ; c'était un beau vieillard dont le portrait peut se tracer en deux mots : une rare dis-

(1) Voir la note A.

tinction unie à une bonté exquise. La jeune femme que s'était choisie Auguste de Dampierre avait les qualités de son frère, et cette grâce parfaite, *plus belle encore que la beauté* (1), et qui donne tant de prix à tous les autres mérites.

Auguste de Dampierre trouva dans cette union une douce consolation et quelques jours d'un bonheur calme. Mais hélas ! ce n'était qu'une halte entre deux grandes douleurs. Mme Mélanie de Dampierre portait en elle le germe secret d'une maladie pulmonaire qui se développa tout à coup. Elle mourut le 5 juin 1806 au Fresne-Camilly, séjour de sa famille, et y fut inhumée.

Auguste de Dampierre se retrouvait seul, bien seul, car il n'avait pas même près de lui la tombe de celle qu'il avait aimée, cette suprême consolation du cœur, quand la mort nous ravit quelqu'un qui nous a été cher. La famille d'Osseville conserva pour lui une haute et affectueuse estime ; mais ces relations, qui

(1) La Fontaine.

s'offraient à lui, ne pouvaient lui rendre les joies du foyer goûtées près d'une compagne dont il avait su apprécier les belles qualités.

La vie d'Auguste de Dampierre est remplie de dates funèbres; et quand la mort s'abat sur sa maison, elle fait la solitude autour de lui. Le 11 juillet 1806, M. Gabriel de Dampierre meurt, à l'âge de 79 ans. On ne peut voir disparaître sans commotion violente ceux que l'on voudrait toujours conserver près de soi, lors même qu'ils ont rempli une carrière complète ; et, pour résister à la douleur, Auguste de Dampierre n'avait plus l'appui d'une compagne, il n'avait pas près de lui le sourire d'un enfant, si puissant pour soutenir et pour consoler.

Il chercha une consolation dans le travail, et reprit avec ardeur ses études quelque temps délaissées. Ses goûts le portèrent vers les sciences, et il suivit, à Caen, dans les premières années de l'Empire, des cours de mathématiques et de médecine. C'est aussi sans doute vers cette même époque qu'il faut placer un assez long séjour à Paris, pendant lequel il étudia la chimie et la botanique, et acquit dans ces sciences des connaissances nombreuses et pratiques qu'il devait utiliser plus tard.

Mais la solitude lui pesait. Après quelques années de veuvage, il chercha une nouvelle alliance ; et, en 1809, il épousa Mlle Aimée-Marie-Anne de Brossard, dont la famille habitait aux Isles-Bardels, près du Pont-d'Ouilly, arrondissement de Falaise (1). Mlle de Brossard joignait aux plus belles qualités de l'âme l'éclat d'une beauté vraiment remarquable : taille élégante et souple, traits du visage réguliers et expressifs, un regard parlant. Elle était douée d'une distinction rare qui se révélait dans ses moindres mouvements, et puisait un charme particulier dans une sorte d'indolence, de *morbidezza* gracieuse, enveloppe transparente d'une nature réellement vive. Elle possédait un véritable talent sur la harpe, une bonne instruction, et, ce qui ne gâte pas la beauté, de l'esprit. La bonté de son âme, empreinte sur ses traits, et ses manières af-

(1) Voir la note B.

fables, attiraient près d'elle ceux que son grand air et la finesse parfois mordante de ses réparties auraient pu en éloigner.

Au bonheur d'un mariage contracté selon le cœur, s'unirent bientôt les joies de la paternité. Une fille lui naquit, le 22 janvier 1810, et reçut le nom de Maria. Ce beau nom, qu'avait porté sa mère et que portait sa femme, semble avoir été suggéré à l'heureux père par un double sentiment de reconnaissance. Peut-être cédait-il en même temps à une inspiration toute chrétienne qui lui faisait choisir pour son premier enfant la plus puissante et la plus tendre des protectrices.

Chez les fortes natures, le bonheur se traduit en activité. Il n'avait rien fait pour lui-même, mais l'amour paternel lui dit de travailler pour sa fille ; et il conçut la pensée d'appliquer ses connaissances scientifiques à l'assainissement et à la transformation du pays. C'est en 1810 qu'il entreprit le desséchement de la vallée de la Muance.

Fier de sa fille qu'il adorait, fier de sa jeune femme dont la beauté avait fixé l'attention de l'empereur Napoléon Ier dans les salons de la préfecture de Caen, lors d'un récent voyage, il ne voyait plus ses malheurs que dans l'ombre d'un passé déjà lointain, et il embrassait victorieusement la vie.

Le 14 février 1815, il lui naquit une seconde fille, Louise-Françoise-Alix, sur laquelle Dieu devait faire reposer le bonheur des quarante dernières années de sa vie.

En 1823, la belle flèche de la tour de Fierville menaçait ruine. L'argent manquant pour la restauration, Mgr l'évêque de Bayeux ordonna de vendre l'église de Bray pour employer l'argent de la vente à la réparation de la flèche de Fierville (1). Mais, l'église vendue, l'adjudicataire ne devait payer que dans un délai fixé; et cependant le danger pressait à Fierville. Pour éviter tout retard, M. de Dampierre avança les fonds, et les travaux commencèrent. L'église de Bray, qui selon M. Galeron, appartenait au style du XIIIe siècle, fut démolie. On conserva un tableau de cette

(1) L'ancienne paroisse de Bray avait été supprimée en 1802 et réunie à celle de Fierville.

vieille église, dédiée à saint Jean-Baptiste, et on le voit encore aujourd'hui dans la chapelle de gauche de l'église de Fierville.

Les occupations de la vie n'avaient pas fait oublier à Auguste de Dampierre ce qu'il devait à son précepteur. Aussitôt que les circonstances le lui avaient permis, il avait rappelé près de lui l'abbé Raimbaux; et, au moment de la réunion de Bray à Fierville, il acheta l'ancien presbytère pour l'ami qui avait élevé son enfance. Mais le vieil abbé ne put jouir longtemps de cette marque d'affection de son élève : usé par les fatigues d'une vie laborieuse, par les douleurs de l'exil, par l'âge, cet ennemi qui ne pardonne pas, il s'éteignit au milieu des projets que formaient pour lui ses amis.

1828-1829 : deux dates lugubres entre toutes pour Auguste de Dampierre.

Au moment où la naissance d'un garçon, héritier de son nom et objet de ses longs désirs, semblait mettre le comble à son bonheur, la mort lui enlève cet enfant nouveau-né; et, loin de borner là ses coups, cette cruelle qui *a des rigueurs à nulle autre pareilles*, les redouble. Citons seulement les dates :

Mort d'un garçon au berceau, Gustave-Conrad, 30 janvier 1828 ;

Mort de Mme de Dampierre, née de Brossard, 27 février 1828 ;

Mort de Mlle Maria-Elisa de Dampierre, 2 avril 1829.

Qui pourrait dire ce que souffrit le cœur d'Auguste de Dampierre, frappé dans sa femme et dans ses enfants ? Le silence est pour le biographe le seul témoignage de respect qui convienne devant une telle douleur.

Il restait donc seul avec sa seconde fille, Louise-Françoise-Alix, âgée de 14 ans, dont la frêle santé lui inspirait déjà des craintes. Mais Dieu qui mesure toujours ses épreuves aux forces humaines, et nous relève souvent lui-même après nous avoir abattus, lui envoya un appui et une consolation dans le dévouement de Mlle Claudine du Hantier, une de ses vieilles parentes par alliance. Mlle du Hantier avait une âme faite toute de délicatesse et d'abnégation ; elle sut toucher à la douleur de l'époux et du père pour le consoler; elle sut avec le même bonheur s'emparer de l'affectueuse confiance de la jeune orpheline, diriger le développement de son cœur, former son esprit, et raffermir sa santé. Elle avait une merveilleuse puissance d'affection; et, nous l'avons éprouvé, il suffisait de la voir et de l'entendre une fois pour l'aimer. Elle servit de mère à Mlle de Dampierre qui, en retour, l'aima plus qu'une amie bienfaisante, presque autant qu'une mère.

A cinquante ans, Auguste de Dampierre avait vu deux fois s'évanouir tout espoir de vrai bonheur pour lui-même : il songea à assurer celui de l'unique enfant qui lui restait. Il prépara avec son ami d'enfance, Gabriel des Rotours, l'union de Mlle Louise-Françoise-Alix de Dampierre avec M. Léon des Rotours. Le mariage fut célébré le 2 janvier 1833.

Cette union entre deux familles si dignes de s'allier fit naître un peu de douce joie dans l'âme d'Auguste de Dampierre. Il se vit revivre avec bonheur dans ses petits enfants, Mlle Marthe et M. Georges des Rotours; et le charme puissant dont l'entourait la nouvelle famille qui s'élevait autour de lui adoucit peu à peu l'amertume de ses regrets.

Nous dirions que la période des malheurs était passée pour lui, et qu'à force de souffrir, il avait lassé la persévérance de la mauvaise fortune, si, après vingt ans de doux repos, il n'avait été frappé, au milieu de sa verte vieillesse, par une infirmité terrible, la cécité. Il subit deux fois avec courage, mais sans succès, l'opération de la cataracte. Ses yeux restèrent couverts d'un voile, et il dut vivre dix-sept ans encore dans une obscurité presque complète.

Au milieu de la tristesse que répandait dans son âme la nuit qui l'environnait, il eut encore à craindre pour un des siens. En 1855, une grave maladie mit en péril les jours de son petit-fils, M. Georges des Rotours. Le vénérable vieillard qui avait tant souffert dans sa longue vie sans se plaindre, se sentit brisé. Une tristesse morne et profonde s'empara de lui; et sans l'ardente foi chrétienne qui le soutenait, il fût tombé dans le désespoir. Dieu vit les pleurs du vieillard, et il entendit ses prières : son petit-fils lui fut rendu. Ce fut là sa dernière épreuve. Le combat de la vie était fini pour lui, et, hors les infirmités de l'âge, rien ne troubla plus la sérénité de son âme dans ses dernières années.

III.

Artifici cedit natura labori.
VIRGILE.

La Muance (1), petite rivière au cours changeant, prend sa source sur le territoire de Grainville-Langannerie, coule vers l'est et disparaît à Bretteville-le-Rabet, pour ne reparaître qu'entre Saint-Silvin et Saint-Martin-des-Bois ; puis, se dirigeant du sud-ouest au nord-est, elle arrose Saint-Martin, Fierville, Bray ; de là, elle décrit une courbe légère en passant par Valmeray, Airan et Moult, remonte au nord vers Argences dont elle baigne le pied

(1) Muance, muer, mutare, changer.

des coteaux, traverse Rupière, reçoit, à Janville, le Sémillon sorti du marais des Terriers, et va se jeter dans la Dives, un peu au-dessous de Bures. Dans tout son cours, et principalement dans la première moitié, elle était autrefois peu encaissée, et, coulant à fleur de champ, elle inondait, à la moindre crue, les terres riveraines. De Fierville à Valmeray, le fond de la vallée présentait, en hiver, l'aspect désolé d'un marais aux eaux limoneuses, d'où l'on voyait à peine sortir, sur les bords, quelque maigre végétation, tandis que de la surface s'élevaient, en nuages grisâtres, des vapeurs méphitiques et fiévreuses. Puis, quand venait l'été, les eaux diminuaient peu à peu, les herbes reparaissaient blanches de limon ; çà et là restaient encore quelques flaques d'eau ; et sous l'action d'un soleil ardent, il se formait, à la surface du sol, une croûte luisante qui se fendillait et laissait échapper des miasmes encore plus malsains que les brouillards de l'hiver. Dans les endroits les moins improductifs, le travail était toujours difficile et souvent infructueux. Une pluie d'orage suffisait pour amener une crue de la rivière ; et le malheureux riverain voyait, en quelques heures, périr toutes ses espérances.

Sur la rive droite, le terrain se renfle un peu, et s'élève doucement en collines basses, au-dessus desquelles s'étend un plateau. Mais alors ces collines aggravaient encore le mal. De nature calcaire, elles ne présentaient qu'un fond pierreux et sablonneux, impropre à la végétation. C'était partout une aridité triste, où l'herbe n'apparaissait que maigre et jaunie. Point ou peu d'arbres. Le sol presque imperméable n'absorbait pas la pluie ; et dans les jours d'orage, l'eau, roulant sur le sable durci, allait grossir la Muance, qui se répandait alors sur ses rives. La pluie, qui produit ailleurs la fécondité, apportait ici la misère ; et la stérilité naissait ainsi de la stérilité même.

Tel était l'état du pays, lorsque l'aïeul d'Auguste de Dampierre acheta la seigneurie de Bray (1). La misère du pays frappa le nouveau possesseur qui conçut la pensée de l'œuvre

(1) Voir la note C.

si heureusement accomplie par son petit-fils. En effet, le 26 mars 1767, c'est-à-dire onze ans après l'acte d'achat, il déclare par son fondé de pouvoirs, Me Alexandre Mollet, procureur au bailliage de Falaise, « vouloir, d'accord avec ses vassaux de Bray, faire deffricher, cultiver, faire valloir et mettre en culture, comme très foncier de la susdite paroisse de Bray, un *marais,* contenant viron six acres, petite mesure. » Le même Hervé déclare encore que « son intention et celle de ses vassaux est de faire valloir et mettre en culture portion de terre inculte en *bruière,* contenant viron trois acres, jouxtée et bornée par la sente tendante de Bray à Quatre-Puits (1). » Hervé de Dampierre essaya-t-il de mettre son projet à exécution? Nous l'ignorons; mais en 1809, il ne restait aucune trace de tentatives d'amélioration partielle. Cette tâche était réservée à Auguste de Dampierre.

L'œuvre à accomplir était triple : dessécher le marais, féconder les champs entre Fier-

(1) Archives de la famille de Dampierre.

ville et Bray, et boiser les collines et les plateaux : œuvre immense et difficile, dans laquelle Auguste de Dampierre ne devait pas seulement rencontrer les résistances d'une nature rebelle, mais encore se heurter à l'inertie incrédule des hommes, les plus intéressés pourtant au succès. Si l'on se rappelle l'esprit de ce temps, déjà éloigné de nous où, sous le règne de la routine, les plus simples tentatives d'innovation dans les connaissances pratiques excitaient le sourire, on comprendra que l'entreprise d'Auguste de Dampierre dut paraître hardie, et même téméraire, à ceux auxquels il parla de ses projets. Ses ouvertures ne rencontrèrent que de la réserve et de la froideur; les plus osés le raillèrent, quelques-uns peut-être allèrent même jusqu'à lui désirer secrètement un échec éclatant. Telle est la nature humaine : soit amour de l'habitude, soit crainte du risque le plus léger ou jalousie indéfinissable et presque inconsciente, nous fuyons souvent devant le bienfait qui vient à nous. Mais le châtelain de Bray n'était pas un esprit facile à rebuter : il attaqua le marais.

Disons d'abord ce qu'était proprement le marais de Bray. La Muance coupe en deux parties inégales le fond de la vallée qu'elle inondait autrefois. La partie du marais qui s'étend sur la rive droite est de beaucoup la moins considérable; mais, comme la portion située sur la commune de Bray est la plus grande de cette partie même, on a donné le nom de « marais de Bray » aux marais de la rive droite et de la rive gauche réunis. Pourtant on dit aussi « le marais du Tors » du nom d'un hameau de Billy, situé en face de Bray, qui possède la plus grande partie du marais de la rive gauche. Nous voyons par un acte municipal du premier floréal an II, trouvé dans les archives de Bray, que l'étendue du marais *communal* était, à cette date, « de 564 perches de 24 pieds à la perche. » Au marais *communal,* il faut ajouter les parties qui appartenaient en propre aux particuliers et dont nous ne pouvons donner la superficie. Le marais communal et la bruyère furent alors divisés en 26 lots attribués à 26 familles; mais M. Gabriel de Dampierre n'eut part ni au marais ni à la bruyère; on le dépouilla même, au nom de la loi, des parties de marais et de bruyère qui étaient sa propriété, et qu'il fut obligé de racheter plus tard.

En 1809, une perche de terrain au bord de la Muance se vendait un franc. Quelques aunes, des saules, des roseaux, des ulves ou laiches étaient l'unique production du sol. On ne comptait que sept ou huit vaches dans toute la commune, encore étaient-elles souvent bien maigres; et quand on les menait paître au marais, les pauvres bêtes s'enfonçaient parfois si profondément dans la vase, que l'on était obligé de courir au village appeler du secours pour retirer avec des cordes et autres engins le malheureux animal qui faisait retentir la vallée de ses beuglements longs et plaintifs.

Une grande partie du terrain occupé aujourd'hui par le parc de M. des Rotours, envahie par les eaux, se confondait avec le marais; et le pays était si nu, que la vue s'étendait, sans rencontrer de rideau de verdure, de Fierville jusqu'à Coupigny, au fond de la vallée.

Transformer et enrichir un tel pays pouvait paraître impossible; mais Auguste de Dampierre était jeune, entreprenant, et dans une de ces rares éclaircies de bonheur qui brillèrent sur sa vie. Il eut foi dans son idée. De petites chutes d'eau que formait la Muance en approchant de Valmeray avaient éveillé son attention, et l'avaient amené à penser qu'il existait une différence notable de niveau entre Bray et Valmeray, et qu'il était dès lors facile d'établir entre ces deux points un niveau de pente qui donnerait aux eaux un écoulement plus rapide, et préparerait l'égouttement du marais par l'encaissement de la rivière. Il obtint de son voisin de campagne, M. de La Rosière, père de Mme d'Ison, l'autorisation de modifier le lit de la rivière sur son terrain, dans le parcours de Coupigny. Bientôt de nombreux ouvriers se répandent sur différents points des rives de la Muance: ici, on creuse le lit; là, on coupe les courbes trop prononcées que décrit la rivière. Ce n'était pas un travail facile: en certains endroits il fallait approfondir le lit de près de trois mètres. Cependant les gens du pays, et peut-être les travailleurs eux-mêmes, se moquaient encore de M. de Dampierre : il laissait rire, et poursuivait son œuvre. Le niveau de pente établi amena déjà un décroissement dans les eaux du marais. Alors le châtelain de Bray fit entourer tous les terrains marécageux qui lui appartenaient d'un fossé communiquant par ses deux extrémités avec le lit de la Muance, et dont la profondeur ne descendait pas au-dessous de l'étiage moyen de la rivière; et par de petites tranchées transversales qu'il fit ouvrir, il conduisit dans le fossé de ceinture, ou directement à la Muance, les eaux qui couvraient son terrain. Grâce à ce système de canalisation, par lequel Auguste de Dampierre devançait le drainage aujourd'hui en faveur, le sol s'égoutta peu à peu; les terres tirées du lit du cours d'eau, des fossés et des tranchées, rejetées sur la prairie, en élevèrent le niveau, ou amoncelées sur les bords formèrent un escarpement qui pouvait opposer une sorte de digue aux crues d'eau accidentelles. Sur l'escarpement des fossés on planta des peupliers de Canada qui ont atteint aujourd'hui un développement en hauteur de plus de 20 mètres. Le terrain était devenu propre à la culture. Si les autres riverains suivaient l'exemple de M. de Dampierre, la Muance était renfermée dans son lit et le fond de la vallée rendu au travail.

L'exemple fut suivi. Quand on vit l'idée en cours d'exécution, et qu'on en remarqua les premiers résultats, on en comprit la valeur ; et les riverains les plus actifs et les plus intelligents, propriétaires ou simples ouvriers, se mirent à l'œuvre à leur tour. Une telle entreprise fait toujours du bruit, et la curiosité ne s'était pas éveillée seulement à Bray. De tous les villages qui entourent la vallée on observait la marche des travaux ; et quand le succès parut évident, le marais se couvrit, sur un parcours de trois kilomètres, de travailleurs qui creusaient, canalisaient, plantaient. La première victoire était remportée.

Auguste de Dampierre ne conquit pas seulement toute une vallée à la culture ; il montra encore, et toujours par son exemple, le genre de culture qui convenait le mieux à ces nouvelles terres. Il divisa ses terrains repris sur les eaux en petites portions, et en céda gratuitement plusieurs à des ouvriers de Bray, pour deux ou trois ans, à la charge de les mettre en valeur ; puis, pour donner l'exemple et la direction, il fit travailler sur les portions qu'il avait gardées. La brouette ne pouvait être employée dans ces terrains encore mous et souvent fangeux, et l'on fut obligé de porter les divers engrais sur le dos, dans des poches ou dans des paniers. L'on sema ainsi ou l'on planta des légumes, on fit des pépinières d'épines, de saules, d'acacias, de peupliers, etc. Auguste de Dampierre animait les habitants de Bray au travail, il leur donnait gratuitement des graines et du plant, surveillait leurs propres travaux, conseillait, commandait et était obéi, car il avait réussi à faire passer son ardeur dans leur âme.

Aux printemps suivants, on voyait sortir du sein de ce marais naguère infécond de nombreuses pépinières de peupliers, de pommiers, d'acacias, d'épines, de pins, jeune végétation pleine de promesses pour l'avenir, qui entourait des jardins peuplés de légumes. Dans ces derniers temps, les maraîchers-pépiniéristes de Bray et du Tors ont vendu aux compagnies des chemins de fer des épines destinées aux haies des lignes, pour des sommes considérables; et, chaque semaine, ils portent, à des prix avantageux, leurs divers légumes aux marchés de St-Pierre-sur-Dives, de Caen, de Trouville, de Lisieux. L'aisance a remplacé la misère, et, pour les plus actifs, la richesse succédera peut-être bientôt à l'aisance.

Un fait qui donne au rôle d'Auguste de Dampierre, dans cette transformation du pays, un caractère de haute moralité, c'est le désintéressement et le sentiment de bienfaisance qui furent comme l'âme de l'entreprise. Quand le marais, encore couvert d'eau, ne représentait aucune valeur aux yeux des propriétaires, Auguste de Dampierre eût pu l'acquérir tout entier à vil prix, et augmenter d'autant sa fortune; mais il ne voulait pas travailler pour lui seul, et songeait au bien commun. Ce n'était pas, d'ailleurs, un de ces esprits calculateurs, toujours prêts à gagner, et qui, dans leur probité boiteuse, se contentent d'agir dans les limites du légal : le légitime ne satisfaisait pas toujours son équité scrupuleuse. Ainsi, il eût cru dépouiller les propriétaires du marais par une spéculation peu délicate et indigne de lui, si, lorsqu'il se sentait sûr du succès, il eût profité de leur ignorance et de leur esprit de routine pour acheter des terrains, sans nulle valeur pour le présent, au-dessous de la plus-value que devaient leur donner ses propres travaux. (La perche de marais valait alors un franc; aujourd'hui elle se vend de 40 à 50 fr.) Il refusa toutes les offres qui lui furent faites : « Non, mes bonnes gens (c'était son mot), gardez votre marais, et travaillez avec moi : vous augmenterez ainsi votre avoir, au lieu de le perdre. » On se félicita bientôt d'avoir suivi ses conseils.

C'était un vrai philanthrope dans la grande et belle acception du mot. « Je suis homme, disait-il d'après Térence, et rien de ce qui intéresse les hommes ne me paraît étranger. » Ajoutons qu'il puisait son amour pour ses semblables non dans les préceptes d'une philosophie froide et orgueilleuse, mais dans les inspirations les plus élevées de la charité chrétienne. Attentif à tous les besoins qu'il pouvait soulager autour de lui, il accrut par tous les moyens dont il put disposer le bien-être de la population de Bray. Après le travail volontaire qui satisfait toujours la conscience, il considérait encore le bien-être comme un puissant agent moral. Quand le dessèchement du marais fut terminé, il afferma aux ouvriers les portions dont il était propriétaire, et il accepta pour paiement, au lieu d'argent toujours difficile à amasser pour des travailleurs, des journées de charroi qu'il faisait faire l'hiver, quand les rigueurs de la saison enlevaient tout travail aux maraîchers. « Commencez, mes bonnes gens, par gagner de l'argent pour vous, tandis que vous le pouvez, leur disait-il, et réservez le transport de mes terres pour le moment où vous n'aurez pas d'occupation. » Il y a quinze ans à peine, dix tombereaux étaient encore occupés, chaque hiver, à transporter, dans ces conditions, des terres dans les mauvais endroits de ses propriétés. S'il avait besoin d'autres ouvriers, il ne voulait pas les enlever entièrement au soin de leur petit avoir, surtout dans la belle saison. « Vous travaillerez, leur disait-il, jusqu'à neuf heures du matin à vos légumes et à vos pépinières, et vous viendrez finir la journée chez moi. » Et il les payait bien. Enfin, quand toute cette population n'avait plus de travail, ou que le temps pluvieux ne permettait plus de s'occuper au marais, il faisait terrasser dans son parc, creuser des fossés, préparer des plantations (1). C'est ainsi que, pendant plus de quarante ans, il créa du travail à une multitude

(1) M. Galeron a écrit dans sa *Statistique* deux pages très-élogieuses sur les travaux de M. de Dampierre; mais il commet deux graves erreurs que nous tenons à signaler. Il nie le succès des essais que fit M. de Dampierre pour améliorer la culture dans la plaine, succès aujourd'hui incontesté, et il raconte fort sérieusement qu'il a *vu*, dans les terrassements exécutés à Bray, *les six premiers pieds des couches supérieures jetés jusqu'à douze pieds au-dessous du sol, tandis que les six pieds du fond étaient amenés à la surface.* M. Galeron n'a pas compris la nature des travaux qu'il a *vu* exécuter. En certains endroits, M. de Dampierre faisait enlever par bandes la couche supérieure du sol qu'on déposait à l'extrémité du champ de terrassements; puis on chargeait des tombereaux de terre glaise empruntée aux couches inférieures pour la transporter sur divers points dans la plaine. L'emprunt fait, M. de Dampierre faisait rapporter à sa place la couche supérieure d'abord enlevée. Ceci est beaucoup plus sage, et bien moins merveilleux.

d'ouvriers. « J'aime mieux, disait-il, donner de l'ouvrage en temps utile à ceux qui ont besoin, que de leur faire l'aumône. » Charité intelligente, qui révèle le vrai philosophe chrétien. Il aimait assez le pauvre pour respecter en lui la dignité humaine. Aussi, comme il était aimé lui-même et vénéré par tous ces paysans dont il avait fait des heureux en les associant à ses travaux! Il n'était pas seulement pour eux le vrai *seigneur* de Bray, c'était leur père, le patriarche du pays. Si tous ceux à qui la naissance ou une heureuse industrie ont donné la puissance et la richesse en usaient ainsi, que de jalousies détruites dans le cœur du peuple qui vit de la sueur de son front! que de passions étouffées! que de crimes prévenus dans la société! que de révolutions empêchées parmi les nations!

L'activité d'Auguste de Dampierre n'avait pas été tout entière absorbée par ces travaux de desséchement. Comme les terrains pauvres de la plaine ne donnaient que des récoltes peu abondantes en céréales ou en légumineuses, il songea à introduire dans la culture des engrais nouveaux. Il connaissait la leçon charmante que Franklin avait donnée aux agriculteurs américains ; c'était un bel exemple à suivre. L'expérience avait appris à Franklin que le plâtre en poudre, répandu sur les légumineuses naissantes des prairies artificielles, en favorise le développement ; et, pour donner une leçon irréfutable à ses compatriotes, il ordonna à l'un de ses fermiers de semer du plâtre pulvérisé sur une vaste prairie dont les herbes commençaient à former un riant tapis de verdure, en suivant des lignes bien arrêtées de manière à former des lettres gigantesques. Le temps marcha, les herbes grandirent, et, quand le moment d'y mettre la faux approcha, le fermier remarqua, non sans étonnement, que les herbes s'élevaient plus épaisses et plus vigoureuses à certaines places, en suivant les lignes qu'il avait tracées. On lisait facilement : « *Ceci a été amendé avec du plâtre.* » Le fait fit du bruit ; chacun voulut voir cette inscription d'un genre si nouveau, et le plâtre fut adopté en Amérique pour ce genre de culture. Auguste de Dampierre répéta l'expérience de Franklin sur une prairie de sainfoin semée à cette intention dans les champs de Quatre-Puits. Il écrivit son nom avec du plâtre, et le prodige de Franklin se renouvela. Au moment de la récolte, les paysans ébahis lurent ces mots : *Auguste de Dampierre*, tracés en lettres fleuries qui s'élevaient au-dessus de la surface du champ. La leçon profita à Bray comme en Amérique, et le plâtre fut désormais employé pour la culture des légumineuses, trèfles, sainfoins, vesces, luzernes et autres.

Restait la plaine entre Fierville et Bray. Comme les engrais ordinaires étaient impuissants à produire de riches moissons dans un sol calcaire, où l'humus manquait trop souvent, il eut recours à la science, et lui demanda un remède au mal, ou du moins un principe d'amélioration. L'emploi du plâtre lui avait réussi dans les terres grasses pour la culture des légumineuses ; mais ici le calcaire était surabondant : il fallait, pour ainsi dire, le neutraliser. Il pensa aux matières huileuses ; et, sans abandonner les anciens engrais, il employa en grande quantité les tourteaux formés du résidu des huileries, et appelés communément dans le pays *rebette* ou *rabette*. Cet engrais était encore peu connu dans la contrée. Grand fut l'étonnement des agriculteurs du pays. On sourit, et l'on pensa que M. de Dampierre perdait son argent. L'innovateur laissa sourire dans la plaine, comme il l'avait fait au marais : il engraissa, engraissa, engraissa toujours ses terres. Au printemps, les semailles bien levées promettaient; en août, elles tenaient leurs promesses. On avait cessé de rire depuis longtemps, et les plus avisés prétendaient qu'ils n'avaient jamais douté du succès. Réussissez, et ceux qui vous critiquaient le plus vivement deviendront vos plus zélés adulateurs.

Cette contrée, désormais fertile, doit aussi une large part de reconnaissance à un autre homme de bien, à M. le colonel Borgarelli d'Ison, qui fut l'ami d'Auguste de Dampierre, le confident de ses joies et de ses peines, l'approbateur intelligent de ses travaux. Il ne suffit pas pour la richesse d'un pays d'avoir des terres productives, il faut encore des voies de communication en bon état pour faciliter leur exploitation et les relier aux contrées où se trouvent les débouchés commerciaux. Pendant longtemps la vallée de la Muance manqua de route de Saint-Silvin à Valmeray ; car on ne peut considérer comme route praticable et utile l'ancien chemin étroit et effondré où les voitures s'embourbaient si profondément qu'on ne pouvait les arracher de l'ornière qu'à grand renfort de chevaux, de pics et de leviers. Auprès de ce chemin, les routes de Quimper-Corentin, dont notre fabuliste a dit tant de mal, auraient assurément paru excellentes. M. le colonel d'Ison, membre du Conseil général du Calvados, souffrant de l'infériorité dans laquelle le manque de voie de communication plaçait la contrée, usa de son influence auprès du Conseil pour obtenir une route qui reliât Langannerie et Valmeray, et conséquemment la route de Caen à Falaise et celle d'Argences à St-Pierre-sur-Dives. La route fut accordée, et M. d'Ison eut ainsi le bonheur de féconder, pour ainsi dire, les bienfaits dont son ami avait doté le pays (1).

(1) M. Laurent-Vincent, comte Borgarelli d'Ison, né à Alexan-

Vainqueur dans le marais et vainqueur dans la plaine, Auguste de Dampierre tourna ses pensées du côté des collines et des plateaux qui s'étendent entre Bray et Quatre-Puits.

Les hauteurs qui accidentent la plaine comprise dans le canton de Bourguébus et la partie Est de celui de Bretteville-sur-Laize, présentent généralement un sol sablonneux et calcaire, recouvert d'une légère couche d'humus insuffisante pour la culture des productions agricoles. Il y a environ un siècle, toutes ces hauteurs étaient encore nues et arides : point d'arbres touffus, point de moissons vigoureuses sur lesquelles le regard pût se reposer. La terre ne payait pas le travail, et on la laissait inculte. Le hasard, ou plutôt cette puissance supérieure que nous appelons trop souvent de ce nom banal,

drie (Piémont), le 17 juin 1787, est mort en son château de Coupigny, à Airan, le 18 octobre 1862. Il s'était allié, le 20 août 1818, à Mlle Mathilde de La Rosière.

« Trois mille personnes suivaient respectueusement son convoi. Le temps pluvieux n'avait pu les arrêter ; c'est la meilleure preuve que nous puissions donner de la sincérité des regrets que cette perte a fait éprouver à tous. »

(Notice biographique par M. de Caumont dans l'*Annuaire de l'Association normande*, année 1863.)

parce que nous ignorons la marche mystérieuse de son action, et qui n'est autre qu'une des mille manifestations de la Providence, le hasard, disons-nous, pour parler avec le vulgaire, amena à Secqueville, chez M. de Calmesnil, ancêtre de Mme Dursus de Courcy, un écossais, lord Rad-nor, dont les conseils devaient changer l'aspect du pays. « Je vous enverrai, dit-il à M. de Calmesnil, du plant de pins d'Écosse ; c'est la seule essence d'arbres qui convienne à la nature de ces terrains sablonneux. Faites des pépinières sur tous les points improductifs, et le sol vous rendra en bois ce qu'il vous refuse en céréales. » On attendit longtemps le plant promis, si longtemps même qu'on désespéra enfin de le voir arriver. Les communications n'étaient point alors aussi rapides qu'aujourd'hui, et un voyage en Écosse exigeait plus de temps et présentait plus d'obstacles que ne le fait, à notre époque, une traversée de l'Atlantique. Le plant arriva pourtant, lorsqu'on ne l'attendait plus. On ouvrit la caisse avec empressement et curiosité. Grande fut la déception de M. de Calmesnil : les plants étaient desséchés. « Tiens, dit-il à son jardinier, plante-les par le bout qu'il te plaira : il y a autant lieu d'espérer qu'ils reprennent par un bout que par l'autre. » Le jardinier eut plus de confiance que son maître : il mit en terre les jeunes tiges par la racine, les arrosa avec soin, et parvint à en faire reprendre un certain nombre. En 1815, le plateau de Secqueville se couronnait déjà d'une ligne de jeune et puissante végétation.

Attentif à tous les progrès, Auguste de Dampierre avait vu de Bray la transformation opérée sur le plateau de Secqueville, et nous osons dire qu'il en suivit la marche avec le plus vif intérêt. Cependant ce n'était point pour lui une révélation. Ses études en botanique l'eussent seules conduit à son entreprise; mais il était heureux d'avoir sous ses yeux un gage de succès avant de se jeter dans de nouveaux travaux. En prévision de son entreprise, il avait établi depuis plusieurs années des pépinières de pins d'Écosse dans son parc, et même dans le marais. Les pépinières avaient parfaitement réussi. Il se mit donc à l'œuvre, sans se décourager par les obstacles que lui opposa souvent la nature du sol. En trente ans, il planta plus de quatre cent mille pieds de pins de diverses espèces : pins sylvestres d'Écosse, pins noirs d'Autriche, pins Laricio de Corse, pins des Pyrénées.

Son activité ne se borna pas à la création de ces forêts. Ses travaux étaient pour lui un objet d'étude. Chaque jour, il consignait ses observations sur la culture des arbres, sur les terrains qui leur convenaient, sur la taille, sur l'émondage, sur la coupe. En même temps, il entretenait une vaste correspondance avec les plus célèbres pépiniéristes de France et de Belgique. Cette correspondance, qui s'étend de 1809 à 1849, remplit trois registres, dont deux in-folio; les deux in-folio, qui correspondent à la première période des travaux, de 1809 à 1827, contiennent sept cent seize lettres; le troisième registre renferme deux cent cinquante-neuf lettres pour la période de 1827 à 1849. Et ce ne sont point de simples lettres de commandes, ce sont de vraies dissertations qu'il soutient avec des pépiniéristes connus, avec des savants dont il a lu les ouvrages, avec des conservateurs du jardin des plantes de Paris et de Rouen, etc. Le nom seul des villes où il adressait ses lettres suffit à montrer l'étendue de ses recherches. Paris, Bruxelles, Gand, Rouen, Avranches, Orléans, le Mans, Nantes, Toulon, Toulouse, les départements de l'Ardèche et d'Ille-et-Vilaine, et d'autres encore, voilà le cercle de sa correspondance.

L'exemple est toujours suivi, quand il est consacré par le succès. Petits et grands propriétaires imitèrent le châtelain de Bray sur les collines et dans les terres sablonneuses, comme ils l'avaient fait dans le marais et dans la plaine ; et bientôt tout ce pays se couvrit de jeunes plants qui promettaient aux générations suivantes des ressources nouvelles et inépuisables. A l'augmentation de la richesse, ces plantations ajoutèrent un nouveau bienfait. Après le dessèchement du marais, qui avait fait disparaître les miasmes, ces forêts, absorbant la pluie, empêchaient toute nouvelle crue de la rivière, en même temps que les senteurs des pins achevaient de purifier l'air, et assuraient la salubrité du pays.

Laissons un moment la parole à M. de Caumont (1).

« M. de Dampierre, horticulteur habile, a rendu les plus grands services à son canton, en établissant à Bray des pépinières considérables d'arbres forestiers de toute espèce. Non-seulement il a donné dans sa commune un exemple qui a été suivi par d'autres, ce qui a procuré l'aisance et du travail ; mais il a planté, entre Bray et Quatre-Puits, près de 60 hectares en arbres résineux qui ont parfaitement réussi. Par cette spéculation, il a transformé des terrains presque stériles en futaies qui auront une grande valeur dans quelques années ; en même temps il a détruit la monotonie de ces plaines arides et amélioré l'état du pays. »

Comme la végétation s'est développée, depuis 1850, sur les collines et dans la vallée, et quel bel aspect ce pays offre aujourd'hui au voyageur qui suit, en été, la route de Saint-Silvin à Valmeray ! De loin, c'est une masse

(1) *Statistique mon.*, article Bray, t. II, p. 230, année 1850.

impénétrable de verdure qui, remontant du fond de la vallée sur les hauteurs, borne l'horizon sur un espace de plusieurs kilomètres. A mesure que l'on approche, les premiers plans se détachent, et l'œil en saisit tous les détails charmants : ici, c'est Fierville qui apparaît, à l'entrée de la vallée, avec l'élégante flèche de son clocher gothique, derrière lequel se développent sur les hauteurs, comme un vaste écran, les massifs d'arbres verts plantés par M. le marquis de Saint-Clou; là, sur la gauche, ce sont des fermes isolées qui brillent au soleil, ou les toits de quelque village qui scintillent à l'horizon. On traverse Fierville; et, à une courbe de la route, on voit s'étendre, sur les rives de la Muance, la belle et riche propriété du châtelain : jardins élégamment dessinés, fleurs variées, bosquets ombreux. En quittant ce village propre et gai, ou plutôt le hameau de Danneville, on aperçoit à droite, à l'extrémité de la petite plaine, entre Fierville et Bray, les premières plantations de M. de Dampierre, qui couvrent les hauteurs, se prolongent dans le lointain en arc de cercle, et s'inclinent en suivant les ondulations du terrain jusqu'au village assis au pied des coteaux. A gauche, à l'entrée du village de Bray que l'on ne voit pas encore, on rencontre le château de M. des Rotours, enveloppé par les beaux arbres de son parc comme d'un riche manteau de verdure : les plantations du marais, les groupes des gigantesques peupliers du Canada se joignent aux arbres du parc et forment avec eux une ligne imposante de végétation, qui couvre le fond de la vallée, où il y a un demi-siècle l'œil ne rencontrait que des eaux stagnantes. Puis apparaissent les riantes habitations de Bray, qui s'élèvent pour la plupart au milieu de jardins bien verts, enguirlandées de vignes ou ombragées d'arbres ; des plants de pommiers, pliant sous leurs fruits déjà rouges ou dorés, égaient la route qui devient charmante à Coupigny, en face du beau château de Mme d'Ison. De jolis prés sourient au regard avec leurs jeunes herbes émaillées de fleurs, et la grande végétation se rapproche du chemin, à mesure que l'on avance vers Valmeray, dont on aperçoit de loin la vieille tour qui se dresse au fond du paysage, comme pour mêler au présent les souvenirs du passé. Cette tour, conservée par les soins de M. d'Ison, tombe aujourd'hui en ruines. Elle ne date que du XVIIe siècle ; mais elle avait été élevée sur l'emplacement d'une église dont les souvenirs remontaient aux premiers jours de la monarchie française.

« Le matin du 10 août 1047, raconte M. l'abbé Le Cointe dans son récit de la bataille du Val-ès-Dunes, l'armée française, faisant un mouvement en avant, franchit Airan et occupa Valmeray, petit village situé sur la Muance, au point où la route actuelle de Langannerie à Mézidon croise la route d'Argences à St-Pierre-sur-Dives. A cinq cents pas environ de la route, sur la rive gauche de la rivière, du côté de Billy, s'élevait l'église de la paroisse, sous l'invocation de St-Brice... Pendant que les chevaliers français se préparaient à la bataille, coiffaient leur heaume, endossaient leurs hauberts, équipaient leurs chevaux, Henri entra dans la petite église de Valmeray et assista à la messe chantée à son intention. Les clercs, au rapport de Wace, tremblaient de peur, s'imaginant à chaque instant voir fondre sur eux l'armée ennemie dont ils se savaient séparés par une si faible distance (1). »

Assainissement, fertilisation, embellissement du pays, telle est l'œuvre d'Auguste de Dampierre. On a, raconte-t-on, écrit ces mots sur la tombe d'un guerrier : « *Sta viator, heroem calcas ;* arrête, voyageur, tu foules un héros. » Les conquêtes de la paix sont plus précieuses que celles de la guerre, et elles ont aussi leurs héros. La tombe d'Auguste de Dampierre pourrait, sans orgueil, porter une inscription qui racontât ses bienfaits au voyageur ; mais le mort vénéré n'en a pas besoin : son nom vit dans les cœurs ; et quand un des habitants de la contrée passe devant ce petit cimetière où ses restes ont été déposés, il entend au fond du cœur, nous n'en doutons point, une voix secrète qui lui murmure : « Ici repose un bienfaiteur du pays. »

(1) Conspiration des barons normands contre Guillaume le Bâtard, duc de Normandie, en 1047.

IV.

> Studia adolescentiam alunt, senectutem oblectant, secundas res ornant, adversis refugium ac solatium præbent : delectant domi, non impediunt foris, pernoctant nobiscum, peregrinantur, rusticantur.
>
> CICÉRON.

Auguste de Dampierre n'était pas seulement un agronome distingué : c'était aussi une intelligence d'une culture variée, un penseur profond. Nous l'appellerions même un libre penseur, si ce mot n'avait été spécialement employé pour désigner une classe d'esprits dont l'arme unique est la négation, et qui prennent pour de l'indépendance de pensée l'orgueil avec lequel ils osent présenter leurs rêveries incohérentes pour des conquêtes dans le domaine de la vérité. Nous voulons dire que dans le vaste champ de la pensée, en politique comme en économie sociale, en philosophie comme en histoire, dans la poésie et dans les arts, Auguste de Dampierre interrogeait tout, scrutait tout, jugeait tout par lui-même, sans obéir à l'esprit de système ni céder à l'influence des écoles. Sa pensée ne s'inclinait que devant le dogme chrétien ; et sa foi était alors d'autant plus ardente que son regard réfléchi avait mieux mesuré l'immensité des mystères qu'il n'avait pu pénétrer. Il croyait par le cœur et par la pensée.

Son éducation l'avait merveilleusement préparé à cette sage indépendance de l'idée. Élevé chrétiennement par sa mère, il reçut de ce premier enseignement une empreinte indélébile, et comme un fond de philosophie pure que l'irréligion des temps où se forma son intelligence ne put altérer ; mais sevré de bonne heure des leçons de la science profane, il dut s'instruire seul, alors qu'il n'était encore qu'un enfant. De là des lacunes dans son instruction ; et l'on pourrait affirmer que, notamment dans les choses littéraires, son jugement et son goût se ressentirent toujours de ce manque de guide dans ses études d'adolescent.

Nous avons dit qu'il traduisait Horace à treize ans; nous devons ajouter qu'il n'apprît pas le grec, et que l'exil de son précepteur le força de développer seul ses connaissances dans la langue latine. Bientôt les sciences séduisent son esprit juste et méthodique : mathématiques, médecine, chimie, botanique, ouvrent tour à tour un large champ à sa curiosité intellectuelle; et, soit impulsion du génie ou caprice, en même temps qu'il applique à l'agriculture ses connaissances en chimie et en botanique, il cherche une application à ses études mathématiques dans l'art des fortifications. Il a laissé dans ce genre de travaux des plans conservés à Bray par sa famille.

Cependant il n'oubliait pas la littérature dont il était épris. De la fin de l'année 1802 jusqu'en 1808, il fait partie comme membre correspondant d'une sorte de petite académie privée, association amicale et littéraire qui s'était établie à Vire entre de Chênedollé, Lanon de La Renaudière et les deux frères Jules et Gabriel des Rotours, ces deux amis d'enfance avec lesquels Auguste de Dampierre entretenait déjà depuis quelques années une correspondance littéraire (1).

C'était une bien jeune académie ! Gabriel des Rotours, le plus jeune de tous, avait vingt ans, et de Chênedollé, à qui l'âge joint au talent assurait les honneurs de la présidence, avait à peine trente-trois ans. Qui fonda cette académie? Nous l'ignorons. Le goût littéraire, l'affinité de race, la jeunesse, rapprochèrent ces esprits distingués, dignes de se connaître et de s'aimer. D'ailleurs de Chênedollé revenait de l'étranger : il avait vécu à Hambourg dans la société du caustique Rivarol et de Klopstock, le religieux auteur de la *Messiade*, le poète des Odes à Cidli et à Méta, à qui il avait dédié son poème de l'*Invention;* il avait vu, dans ses voyages en Suisse, *la neige accumulée,* qui

Couvre du St-Bernard les vieux sommets déserts (2),

et entendu cette cloche qui annonce son salut au voyageur égaré; il avait assisté, pendant son

(1) Voir la note D.

(2) De Chênedollé.

séjour à Paris, à la chute du Directoire et aux grandeurs des premières années du Consulat : que de choses il avait à raconter ! Et puis Vire était déjà fier de lui. On dut le rechercher, l'entourer, l'écouter avec bonheur. Les frères des Rotours et Lanon de La Renaudière ne furent pas des moins empressés. Les muses sont sœurs entre elles, et ceux qui ont pour elles un vrai culte, ne tardent pas à se reconnaître. La sympathie, cette force secrète qui semble naître de cette conformité de goûts et de tendances que j'appellerais volontiers la parenté des âmes, la sympathie, dis-je, fit le reste. Je ne sais si nos jeunes académiciens rédigèrent des statuts : je pencherais pour la négative. Il n'est nul besoin de règlements et de statuts où règnent la franchise et la cordialité.

Chacun apportait ses travaux et les soumettait au jugement de tous. La critique était juste, mais impitoyable ; l'auteur prenait des notes, et amendait son œuvre. De Chênedollé lisait, aux applaudissements de ses jeunes amis, quelques-unes de ses belles Études poétiques, peut-être Bossuet, Isaïe, ou Michel-Ange ; ou bien il récitait quelques fragments de son poème sur le *Génie de l'Homme* :

Entendez-vous le bruit de ces puissants états
S'écroulant l'un sur l'autre avec un long fracas ?
C'est Sidon qui périt, c'est Ninive qui tombe.... (1)

A la lecture de cet éloquent tableau de la chute des Empires, il me semble voir Auguste de Dampierre, qui parfois assistait à ces réunions, le visage animé d'une amère ironie ; et je l'entends murmurer avec ce sentiment profond que le malheur lui donna si tôt de la misère humaine :

Et campos ubi Troja fuit (2) !

De La Renaudière, traducteur et poète, soumettait à son tour au jeune aréopage quelques-unes de ses poésies ou quelques pages traduites de l'allemand ou de l'anglais. Sans doute ce petit comité connut aussi dans toute

(1) Chant IV. « Les vers de Chênedollé, disait Mme de Staël, sont hauts comme les cèdres du Liban. » — Jugement bizarre et plein d'exagération.

(2) Virgile, *Enéide*, livre III.

sa primeur ce joli poème sur la Fête-Dieu dans un hameau, où de La Renaudière a su si bien unir la grâce des peintures à l'émotion profonde d'un cœur plein de foi. Comme ces jeunes âmes toutes chrétiennes durent applaudir des vers tels que ceux-ci :

D'abord des laboureurs, vieux enfants de ces lieux,
Au front chauve attestant leur utile existence,
Sans ordre s'avançaient, et priaient en silence.
Le cortége pieux, non loin, à mes regards
Se montrait, précédé des sacrés étendards ;
Le feuillage bientôt le couvrit de son ombre.
Dans un sentier profond, asile frais et sombre,
La foule se pressait sur les pas de son Dieu,
Et de ses chants sacrés venait remplir ce lieu.
Devant le Roi des Rois, sous ces vertes feuillées,
Les jeunes villageois de roses effeuillées
Sur la terre à l'envi parsemaient les couleurs.
L'encens, qui de Saba fit l'antique opulence,
Comme un nuage au loin qui dans l'air se balance,
S'élevait lentement, et planait sur les champs.
Aux voix des laboureurs entremêlant leurs chants,
Les oiseaux s'unissaient à ces pompes rustiques.....

Et la scène du reposoir? quelle simplicité et quelle noblesse! Citons-en quelques traits :

Non loin, couvert de lierre et rembruni par l'âge,
Un chêne vénérable étendait ses rameaux.

Là, dès le point du jour, les vierges des hameaux
Élevaient sous son ombre un trône de verdure;
La mousse en longs festons en formait la bordure,
Le lis, aux deux côtés, balançait sa blancheur,
Et la rose, en bouquet, y montrait sa fraîcheur.
L'Éternel, sur ce trône orné par l'innocence,
Devait quelques instants reposer sa puissance....
. . . .
Le hameau lentement environna l'autel.
Avec quel saint respect le pasteur du village,
Seul, et foulant les fleurs qui couvrent son passage
Porte le Roi des Rois, et l'élève à nos yeux
Sous l'emblème immortel d'un pain mystérieux!
La foule, tout à coup prosternée en silence,
Du Roi de l'univers adore la présence..... (1)

Un des admirateurs les plus enthousiastes devait être le jeune Gabriel des Rotours, esprit fin, délicat et passionné pour le beau. Quand les voix des poètes s'étaient tues, il présentait à son tour soit une méditation sur un philosophe, soit un travail sur quelque Père de l'Église. La beauté de l'*Iphigénie française* l'avait conduit à chercher ce que Racine doit à Euripide; et, comme il ignorait la langue

(1) Philippe-François Lanon de La Renaudière, né à Vire en 1781, est mort à Paris le 25 février 1845.

(Voir la notice insérée dans l'*Annuaire de l'Association normande*, année 1847, et *Les Hommes du Calvados*, par Boisard.)

grecque qui ne faisait pas encore partie du programme des études de la jeunesse, il étudiait le poète philosophe dans une traduction latine où il espérait trouver une image assez fidèle de l'original. Comme il s'éprenait d'admiration pour le rival de Sophocle! Et Chênedollé, qui commençait alors à apprendre la langue d'Homère et de Platon, lui disait : « Que serait-ce si vous lisiez Euripide lui-même? » Chênedollé fut enthousiaste de la langue grecque, sitôt qu'il la connut. Il écrivait plus tard à un de ses amis dans une lettre où il plaçait Homère au-dessus de Virgile :

« La langue grecque est la langue aux mille aspects, aux mille couleurs. C'est un prisme continuel. Chaque mot de cette poésie rayonne, et jette sur la pensée un arc-en-ciel (1). »

Auguste de Dampierre ne partageait pas l'admiration de ses amis pour la Grèce. Lui aussi ne savait pas le grec, et les chefs-d'œuvre de la plus belle littérature de l'antiquité furent

(1) Charles-Julien Lioult de Chênedollé, né à Vire le 4 novembre 1769, est mort le 2 décembre 1833.

(Voir la remarquable notice que lui a consacrée M. Sainte-Beuve, dans la *Revue des Deux-Mondes*, année 1849.)

pour lui presque lettres closes. Il ne voyait la poésie grecque qu'à travers de mauvaises traductions qui ne lui inspirèrent pas le désir d'étudier le fond de la civilisation et les mœurs d'un peuple qui s'est si bien peint dans ses œuvres. Et pourtant son esprit juste, son goût sûr, sa raison supérieure, étaient faits pour comprendre cette poésie si simple dans sa grandeur, si élevée, si pure et souvent si plastique. Il sentait les beautés les plus délicates de Virgile; Horace, qu'il aimait à lire et à citer, avait pour lui un charme infini, bien qu'il n'en approuvât point toujours la morale un peu facile ; mais il n'appréciait pas les Grecs, surtout Homère.

Nous nous rappelons, à ce sujet, une petite escarmouche qu'il tentait encore, à soixante-dix ans, contre le père de la poésie grecque.

Un jour, il recevait dans son château de Bray un jeune professeur de l'Université. C'était une occasion favorable pour engager une de ces conversations littéraires ou philosophiques auxquelles il se plaisait tant : il ne la laissa pas échapper. Après le dîner, il s'empara de son hôte et lui dit sans préambule, avec sa vivacité naturelle que l'âge n'avait en rien diminuée : « Voyons, Monsieur le Professeur, dites-moi franchement votre pensée : trouvez-vous qu'Homère soit vraiment un aussi grand poète qu'on le dit, un génie supérieur à Virgile? » — Le professeur, un peu surpris de cette brusque question, résuma en quelques mots les raisons de sa préférence pour Homère. — « Je le vois, reprit le vieillard, vous pensez comme presque tous les littérateurs. Vous devez avoir raison, et pourtant mon esprit se refuse à accepter ce jugement. En dehors d'un certain nombre de beautés de premier ordre, que je reconnais sous le voile épais de la traduction, je n'y vois souvent qu'une grande grossièreté, et beaucoup de bruit pour rien, chez les hommes comme chez les dieux. Il n'est pas jusqu'au vieux Nestor, ce type de la sagesse homérique, qui ne me paraisse bien surfait. » — Son hôte s'étonna. — « Je suis un vieillard, continua-t-il, et partant intéressé à parler avec respect de la vieillesse; mais, en vérité, Nestor ne me semble bien souvent qu'un radoteur. » —

« Oh! Monsieur de Dampierre!... » se récria avec respect le jeune universitaire. — « Mes paroles vous indignent? » dit-il avec une douce jovialité. — « Nullement, Monsieur; je vous trouve seulement bien sévère. » — « Comment! reprit-il avec feu, voilà deux jeunes chefs, Agamemnon, roi des hommes, et le divin Achille, qui se disputent pour une esclave comme des forts de la halle, ce qui n'est pas déjà très-beau; et le sage Nestor, l'harmonieux orateur des Pyliens, ne trouve rien de mieux à leur dire que ceci : Laissez-vous persuader, car vous êtes tous les deux plus jeunes que moi, et j'en ai connu de plus forts que vous qui m'ont toujours écouté. — Avouez que la raison n'était pas suffisante pour séparer deux hommes furieux, prêts à s'égorger, ajouta-t-il avec un sourire ironique. » — Son interlocuteur essaya de lui peindre le caractère de l'âge héroïque de la Grèce; il lui parla des grandes idées qui forment la base et, pour ainsi dire, le code de cette civilisation primitive : le respect de la religion et de ses prêtres, les droits sacrés de l'hospitalité, la vénération pour la vieillesse, sentiments si puissants dans ces temps de vie à demi patriarcale qu'ils suffisaient seuls à calmer les orages les plus violents de la passion..... « Je vois bien, interrompit-il en souriant : ça doit être bien beau pour ceux qui savent le grec ; mais n'importe, je préfère Virgile. »

Tel il était, à soixante-dix ans, dans ses conversations intimes, tel il devait être à vingt-cinq ans, dans ses rapports avec la petite académie. Nous ne saurions dire exactement la part de travail qu'il apportait dans ces réunions littéraires ; mais il est certain qu'il ne s'y introduisait pas, comme un frelon dans une ruche, pour y vivre du miel des abeilles laborieuses. Dans ses entretiens avec le précepteur de son petit-fils, il parla souvent d'écrits qu'il avait composés dans sa jeunesse, d'articles qu'il avait traduits de l'anglais et publiés en collaboration avec les deux frères Jules et Gabriel des Rotours, Chênedollé et La Renaudière. Le fait est certain, mais il nous serait impossible d'en retrouver aujourd'hui des traces.

L'académie exista environ huit ans. En

1807, la publication de son poëme *le Génie de l'Homme* assura décidément à Chênedollé un nom et un rang dans le monde littéraire. En 1810, le poète virois fut nommé professeur à Rouen. Le faisceau était rompu, les devoirs de la vie et les exigences de position allaient s'emparer de chacun des membres de la société; mais il devait rester de cette union passagère, formée sous les auspices des muses, de solides amitiés que le temps et la séparation ne purent diminuer. Pourtant en amitié, comme dans tous les sentiments, il existe des degrés : Auguste de Dampierre conserva des relations plus intimes et toutes particulières avec les deux frères des Rotours. Outre qu'il existait entre eux des liens de parenté et qu'ils étaient amis d'enfance, il prisait chez eux la fermeté de caractère unie à la plus noble générosité d'âme, qualités héréditaires dans cette famille et que les fils n'ont pas laissé déchoir.

Ces études en collaboration donnèrent à l'intelligence d'Auguste de Dampierre plus d'étendue, plus de fond, plus de variété, plus de souplesse, et, pour ainsi dire, plus d'équilibre. Il y puisa surtout l'amour de la lecture. Quand ses travaux agricoles absorbèrent tous ses instants, il emprunta aux heures de la nuit le temps d'étudier. Livres de politique, d'histoire, de philosophie, de poésie et de sciences, il voyait tout; et souvent, après une longue journée de fatigues corporelles, il poursuivait ses lectures jusqu'à deux heures du matin. Lire était pour lui un besoin, une passion. « La Providence, disait-il parfois en faisant allusion à son goût pour la lecture, aurait dû faire de moi un bibliothécaire dans une grande ville, avec 1,200 fr. d'appointements. »

Il avait une puissance de travail incroyable; et, dans l'ardeur de son activité, il lui arrivait parfois de négliger le boire et le manger. A l'âge de cinquante ans, il se rend un jour de Bray à Caen, à pied et à jeun; il expédie ses affaires, court à la bibliothèque publique où il travaille plusieurs heures, revient à Bray, toujours à pied et toujours à jeun; puis, sans prendre de repos, il visite les ouvriers qu'il occupe, va, vient, ordonne dans sa propriété, et, à sept heures du soir, il se fait encore attendre pour le dîner. Il avait, sans s'en apercevoir, oublié la *bête*, comme dit Xavier de Maistre. — « Sans mes chagrins, disait-il à ce propos, j'étais homme à vivre plus d'un siècle. »

Il ne pouvait se résoudre à perdre un instant. Un jour il avait à passer à Caen quelques heures inoccupées; comment utilisera-t-il son temps? Les visites de pure distraction n'allaient point à sa nature, et il connaissait trop le prix du temps pour le tuer, comme on dit vulgairement, en stériles flâneries. Il prend un Boileau chez un libraire, se rend sur le Grand-Cours, et là, à l'ombre des ormes séculaires qui bordent l'Orne, il apprend, en quatre heures, mille vers du *Lutrin* : effort prodigieux de mémoire d'autant plus admirable que chez lui la promptitude de cette faculté n'enlevait rien à sa ténacité. Dix ans après, il eût encore récité ces vers.

Il enviait, avons-nous dit, la position de bibliothécaire, et il était lui-même une bibliothèque vivante. Il conservait dans les vastes replis de sa mémoire de longs passages des auteurs qu'il avait lus, des scènes de Corneille, de Racine et de Voltaire, des chapitres entiers de Joseph de Maistre et de Bonald; nos meilleurs écrivains vivaient dans son esprit par leurs plus belles pensées qu'il avait détachées de leurs œuvres, et dont il s'était fait comme un répertoire choisi, où il pouvait les retrouver à volonté. Un mot jeté dans une conversation venait-il éveiller sa mémoire, il récitait aussitôt, comme citation à l'appui de son idée, quelques-uns de ces extraits, avec un feu et une intelligence qui faisaient ressortir les nuances les plus délicates de la pensée et du sentiment.

« Où avez-vous pu, M. de Dampierre, lui demandait un jour le précepteur de son petit-fils, trouver le temps de lire et d'apprendre toutes ces choses ?

« — Ah! monsieur l'abbé, répondit-il, je ne crois pas que le bon Dieu me reproche d'avoir été fainéant. »

Il savait que l'homme est soumis à la loi du travail; et il pensait avec Horace, comme l'avaient pensé, avant le poète latin, Sophocle et Épicharme, que, sans le travail, l'homme n'a rien, ne sait rien, n'est rien (1).

Ce n'était pas un homme à se plaire aux causeries souvent futiles des salons. Pour lui, toute conversation devait être un moyen d'instruction. Parmi ses hôtes ou ses visiteurs, il choisissait toujours celui dont il connaissait l'esprit sérieux, et engageait avec lui un entretien à part sur des matières où il fût permis à l'esprit de s'élever dans un échange d'idées graves et justes. Avec quelle réserve modeste il exposait ses idées! avec quelle déférence il écoutait celles des autres! C'était véritablement un sage dans le sens antique du mot; car, si c'est posséder l'excellence de la sagesse que de penser sur tout sagement par soi-même, c'est encore être sage que de savoir écouter celui qui parle sagement (2).

Comme il était heureux, quand il pouvait re-

(1) Horace : La vie ne donne rien aux mortels qu'au prix de beaucoup de travail.

Épicharme : Les dieux nous vendent tous les biens au prix du travail.

Sophocle : Le travail est, comme on dit, le père de la gloire.

(2) Hésiode.

cueillir de la bouche d'autrui une pensée vraie ou un fait intéressant qu'il ignorait ou pensait ignorer ! Sa modestie et sa politesse délicate y trouvaient leur compte ; car il n'aimait pas à paraître plus savant que ceux qui l'écoutaient, et il était pénétré de cette pensée de La Bruyère que « l'esprit de conversation consiste bien moins à en montrer beaucoup qu'à en faire trouver aux autres. »

« Le *moi* est haïssable, » a dit Pascal ; qu'on me permette pourtant d'en user pour quelques lignes. Je passai, il y a quelques années, une semaine entière à Bray. J'arrivais des Pyrénées que j'avais habitées assez longtemps pour connaître l'esprit et les mœurs des populations. Vers le soir d'un de ces beaux jours d'été, rares dans le Nord, où le bleu du ciel est si profond et l'air si doux que l'on se croirait transporté pour un moment dans les régions les plus favorisées du Midi, j'étais assis auprès de ce vénérable vieillard sur un banc rustique placé sur le devant du château. Nous avions à nos pieds des fleurs odorantes, rangées autour d'une verte pelouse ; de chaque côté un long rideau de verdure, ébéniers, noisetiers ou lilas, qui encadraient la pelouse et reposaient le regard; au delà, une prairie à l'extrémité de laquelle on apercevait la route vivante de Bray entre deux groupes de peupliers du Canada dont les feuilles blanches au revers, agitées par la brise la plus légère, semblaient des flocons de neige suspendus dans les airs, et faisaient rêver à la rude saison au milieu d'un beau soir d'été; au dernier plan se dressaient les collines chargées de deux forêts de pins, sous lesquels le soleil à son couchant plongeait ses rayons aux tons cuivreux, tandis qu'entre les deux futaies une échappée de vue permettait au regard de se perdre dans une perspective où il ne rencontrait que quelques meules de céréales, qui, par un contraste agréable à l'esprit, parlaient de la richesse agricole au milieu de cette végétation sombre et un peu sauvage. Pendant que je contemplais en silence le beau spectacle que j'avais sous les yeux, M. de Dampierre se tourna tout-à-coup vers moi : « Quelle belle journée, Monsieur ! me dit-il. » — « Et quelle belle vue ! lui répondis-je. Et c'est là votre œuvre, monsieur de Dampierre ! » —« Laissons-là mon œuvre, mon cher monsieur, reprit-il en souriant. Puisque vous avez habité les Pyrénées pendant une année, vous avez dû observer bien des différences entre nos mœurs et celles de ces régions ? Voilà un sujet plus intéressant que mes travaux. » Quand on est jeune, on aime à raconter ce qu'on a vu ; on attache souvent une haute valeur à ses observations, et l'on croit volontiers que venir de loin donne à l'esprit cette gravité et cette sûreté de jugement que l'âge refuse encore. Heureux de l'invitation, je commençai à exposer mes impressions. « Pardon, me dit-il, je vais allumer ma pipe : c'est une vieille habitude, et il me semble que j'entends mieux. Mais parlez toujours, je vous suis. » Je lui vantai d'abord l'esprit hospitalier qui régnait alors dans les villages où la civilisation moderne n'avait pas encore introduit l'égoïsme. Cependant M. de Dampierre avait chargé sa pipe, placé l'amadou enflammé sur le tabac et refermé dessus le couvercle d'argent. Je racontais à l'appui de mes observations la réception qu'on m'avait faite un soir qu'égaré dans la montagne je m'étais présenté à la porte d'une métairie pauvre et isolée, le maître et la maîtresse de la maison passant, à mon insu, la nuit sur la paille de l'étable, pour me céder leur chambre et leur lit unique. M. de Dampierre, le visage attentif et ému, fixait sur moi son regard voilé à la lumière, comme s'il eût voulu essayer de saisir mes paroles sur mes lèvres mêmes, tenant de sa main gauche sa pipe sur le bord de sa bouche, sans songer à aspirer. « Votre pipe s'est éteinte, monsieur de Dampierre, lui dis-je en m'interrompant. »— « Oh ! ça n'y fait rien ; continuez, mon cher monsieur. » J'insistai. « Eh bien ! je vais la rallumer ; mais continuez toujours. » Je repris mon récit, et lui racontai que le lendemain, qui était un dimanche, on me retint pour assister à la messe, qu'on me présenta au vieux curé, que le pasteur, hospitalier comme ses ouailles, me fit déjeuner chez lui avec mon hôte, et que le soir, après les vêpres, le pauvre montagnard, sans vouloir rien accepter pour le dédommager de ses frais et de ses peines, me reconduisit, accompagné de son curé, jusqu'à deux kilomètres du village. Arrivé à la fin de mon récit, je m'aperçus que M. de Dampierre, qui avait rallumé sa pipe et aspiré quelques bouffées de tabac, avait repris son immobilité attentive : je l'avertis en souriant ; mais sa pipe était éteinte. Une fois encore, dans la suite de notre conversation, il oublia ainsi de l'entretenir. Le bon vieillard était éperdu : « Je vous demande pardon, me disait-il, de vous avoir interrompu si souvent. Voilà les suites d'une mauvaise habitude (il montrait sa pipe). Je ne sais plus écouter. » Il écoutait trop bien, au contraire ; et l'attention qu'il prêtait aux paroles d'autrui, l'enlevait souvent au soin des choses matérielles.

Le banc dont nous venons de parler était une des places où il aimait le mieux s'entretenir avec ses hôtes. Il y avait pourtant un endroit qu'il préférait encore : c'était la grande allée de son parc. Durant tout le temps que son petit-fils fit ses études dans sa famille, le bon vieillard se rendait dans cette allée, à l'heure des récréations, pour s'y entretenir avec le précepteur de M. Georges des Rotours.

« C'était pour moi, a répété souvent M. le curé de Cormelles, l'heure la plus charmante de la journée. M. de Dampierre connaissait mon attachement pour lui, il savait mes goûts et mon désir d'apprendre, et il se livrait alors tout entier. »

C'est que, en effet, quand il croyait plaire à ceux qui l'écoutaient, il montrait avec eux le plus aimable abandon, et leur ouvrait les trésors de sa science. Il parlait avec un ton de douce confidence qui enlevait à ses entretiens tout caractère doctrinal et pédantesque. Sa riche mémoire lui fournissait des ressources inépuisables et variées. Tantôt il ressuscitait les temps passés, avec sa parole vive et animée, par le récit de faits dont il avait été témoin, ou qu'il tenait des acteurs ou des témoins eux-mêmes ; tantôt il peignait sa jeunesse agitée, ses études difficiles, ses travaux que Dieu avait bénis ; et dans le cours de sa conversation venaient s'enchâsser ou se fondre belles sentences de moralistes, brillantes inspirations de poètes, vives pensées d'orateurs, traits heureux d'historiens, qu'on aimait à voir briller au passage, comme ces clartés étincelantes que l'on voit se détacher de la voûte du ciel et traverser l'espace pour disparaître à l'horizon.

V.

> La force des lois dans un gouvernement monarchique, le bras du prince toujours levé dans un gouvernement despotique, règlent ou contiennent tout. Mais, dans un État populaire, il faut un ressort de plus, qui est la vertu.
>
> MONTESQUIEU, *Esp. des Lois.*

Celui dont nous esquissons les traits ne poursuivit pas les honneurs, et les honneurs ne vinrent point le chercher. Cependant il avait toutes les qualités qui font, dans les plus hautes sphères, l'administrateur distingué et le sage législateur ; mais le calme de ce petit coin de terre de Bray, qu'il travaillait tant à embellir, et où reposaient les siens, souriait plus à son cœur que l'éclat qui environne les dignités et cache si mal les soucis qu'elles traînent toujours après elles. Il se contentait de bien admi-

8

nistrer chez lui et de faire de la politique sous l'ombre de ses arbres avec ses amis ou avec ses livres, ces autres amis les plus fidèles, les seuls fidèles, toujours prêts à distraire nos ennuis ou à consoler nos chagrins.

En politique, comme en littérature, il était l'homme de son temps. Son esprit était tout démocratique. Issu de vieille noblesse, il n'avait nul préjugé de race. Les titres de noblesse n'avaient de valeur à ses yeux que parce qu'il voyait en eux la récompense et, pour ainsi dire, le souvenir personnifié d'actes de vertu accomplis, de services rendus à la patrie dans des temps reculés. Aussi pensait-il que « noblesse oblige », et citait-il ce jugement d'un de nos grands poètes :

« La naissance n'est rien où la vertu n'est pas ;
« aussi nous n'avons part à la gloire de nos
« ancêtres qu'autant que nous nous efforçons
« de leur ressembler, et cet éclat de leurs ac-
« tions qu'ils répandent sur nous, nous impose
« un engagement de leur faire le même hon-
« neur, de suivre les pas qu'ils nous tracent, et
« de ne pas dégénérer de leurs vertus, si nous

« voulons être estimés leurs véritables descen-
« dants. »

Pour lui-même, ses idées politiques jointes à sa modestie chrétienne lui faisaient tenir peu de compte des avantages de sa naissance; et il disait avec l'auteur de l'Imitation : « Tu es ce que tu es, et nulle parole ne peut te grandir aux yeux de Dieu. » Il tenait à la particule nobiliaire, parce que c'était un héritage, mais il n'en tirait nulle gloire; et les titres qu'une erreur ou une politesse ignorante faisait parfois ajouter à son nom, loin de lui sourire, alarmaient sa modestie.

Il revenait un jour de la messe, accompagné du précepteur de son petit-fils, lorsque, arrivé à la porte du château, il rencontra un pauvre, étranger à la contrée, Le mendiant, le chapeau à la main, l'aborde avec une politesse obséquieuse : « Bonjour, monsieur le comte de Dampierre, » lui dit-il. Le vieillard surpris s'effare et se trouble. « Coiffez-vous, mon bonhomme, lui dit-il avec un certain malaise : je ne suis pas comte. » — « Bonjour, monsieur le marquis de Dampierre », reprend le nomade en s'inclinant plus respectueusement encore.— « Je ne suis ni comte ni marquis », répliqua vivement Auguste de Dampierre. — « Monsieur le baron de Dampierre... » continue le pauvre ambulant prêt à épuiser toute la série des titres nobiliaires pour s'assurer la bienveillance de celui auquel il s'adressait. La rougeur monta au front du vieillard : « Je ne suis rien, interrompit-il avec une légère impatience ; je m'appelle de Dampierre, tout court. Que me voulez-vous, mon bonhomme ? » — Si monsieur de Dampierre voulait m'assister... » — Que ne le disiez-vous tout d'abord ? » Il conduisit aussitôt lui-même le pauvre à la cuisine ; et, quand ce dernier se fut bien restauré, il lui donna encore, à son départ, une aumône en argent.

Il n'avait nul attachement rétrospectif pour des formes de gouvernement et pour des hommes irrévocablement disparus. Il eût été républicain, s'il eût cru la république possible avec nos mœurs et le caractère national, extrême en tout. « L'état démocratique, disait-il, serait la plus belle forme de gouvernement, la seule logique ; mais elle exige trop de vertus pour être possible parmi les hommes, sans entraîner de grands désordres. Montesquieu a dit que la liberté ne peut « consister qu'à pouvoir faire ce que l'on *doit* vouloir, et à n'être point contraint de faire ce qu'on *ne doit pas* vouloir. » Aujourd'hui, pour la grande généralité des hommes et pour la plupart des législateurs démocrates, la liberté consiste à faire ce que l'on *veut*, et à ne pas être contraint de faire ce que l'on *ne veut pas*. On met ainsi le caprice à la place du devoir, on enlève la morale de la vie sociale, on court à la licence et à l'anarchie, desquelles naît, comme une conséquence fatale, le despotisme, ce châtiment des nations qui ont abusé de leurs droits. » Et il citait alors ces belles paroles de Tocqueville :

« Plus l'homme s'accorde de liberté sur la « terre, plus il doit s'enchaîner du côté du ciel. « S'il n'a pas de foi, il faut qu'il serve ; et, s'il « est libre, qu'il croie. »

Obligé de renoncer à la forme républicaine, à cause des craintes qu'elle lui inspirait, il n'en voulait pas moins de liberté pour le peuple sous un gouvernement monarchique. A ses yeux, la nation devait être seule maîtresse de ses destinées ; car Dieu n'a pas fait les peuples pour les rois, mais les rois pour les peuples. Énergique défenseur du droit du citoyen, il eût été, de nos jours, dans nos assemblées, l'ennemi du pouvoir personnel ; mais il eût été encore plus l'ennemi des réformes violentes et tumultueuses, qui se font toujours au détriment des nations. Ces réformes, résultat rapide d'un bouleversement, lui paraissaient ressembler assez dans leur marche au mouvement d'un corps élastique : lancez ce corps avec force ; s'il ne rencontre point d'obstacle, il ira loin, sans jamais revenir sur lui-même ; mais, s'il se heurte à un autre corps qui l'arrête, il reculera d'autant plus loin qu'on l'avait lancé avec plus de vigueur. C'est là l'histoire des révolutions et des réactions politiques. Auguste de Dampierre voulait des réformes amenées lentement par le temps, et que les besoins réels du peuple et l'état de nos mœurs pussent consacrer.

Il avait vu bien des révolutions, mais leur souvenir ne lui laissait aucun regret ; car s'il avait souffert de leurs excès, il avait un coup d'œil trop juste pour ne pas reconnaître le progrès accompli. Il aurait été difficile de rencontrer un homme de cet âge aussi épris de la société moderne. Il n'était pas, comme le vieillard d'Horace, prôneur du bon vieux temps. Sans fermer les yeux sur ce que notre société renferme de principes regrettables, justement fier de ses progrès politiques, matériels et moraux, il la proclamait infiniment supérieure à l'ancienne : bel exemple de liberté d'esprit pour un octogénaire.

C'est que ses jugements, exempts de passion, s'étaient formés à l'école de l'histoire. Il voyait tant de vices dans l'ancienne société, qu'il ne regrettait pas sa chute. Son cœur juste et incorruptible s'indignait de la conduite si souvent scandaleuse de ces gentilshommes du XVIIIe siècle, hommes sans foi religieuse, sans principes moraux, remplis d'un orgueil aveugle qui les avait fait courir étourdiment à leur perte, et avait entraîné avec eux la monarchie. Les titres ou l'habit n'étaient point un bouclier sûr contre sa parole accusatrice ; son regard sévère découvrait les abus ou les vices sous les vêtements du prêtre ou du moine, sous la toge du magistrat ou le manteau du gentilhomme ; et il les fustigeait alors sans pitié.

Son aversion pour le mal était si grande que la vue des défaillances et des scandales qui marquèrent la décadence de certaines institutions religieuses, l'empêchaient parfois de voir nettement leurs bienfaits dans le passé. Ainsi, tout chrétien et tout pieux qu'il était, il lui arrivait de contester l'utilité d'un certain nombre d'ordres monastiques. Homme éminemment actif, il ne comprenait dans la société que l'existence de citoyens producteurs par leur travail ; il lui en coûtait d'admettre le droit absolu de l'homme à la contemplation. Qui consomme doit produire ; et vivre d'aumône sous prétexte d'humilité, quand on est sain et vigoureux, lui paraissait moins un acte de vertu qu'un penchant déguisé à la paresse, ce vice qui en engendre tant d'autres. Et si on lui faisait remarquer qu'il ne faut pas juger les ordres religieux d'après ce qu'ils furent dans les derniers siècles, qu'on doit, pour bien apprécier leur utilité et leur importance, se reporter à l'état de la société au moment où ils furent fondés, et se faire une juste idée des besoins auxquels répondait leur création :

« Eh ! croyez-vous, disait-il, que je sois essentiellement hostile aux ordres religieux ? Puisqu'ils sont une production de l'Église, ils ont dû avoir une haute mission à remplir, et je reconnais avec vous qu'ils l'ont bien remplie : les moines ont été les pionniers de la civilisation. Mais ces organisations cénobitiques ont dégénéré avec le temps sous l'action des passions humaines, et le mal a remplacé le bien. D'ailleurs, autres siècles, autres besoins ; et l'on peut, sans irréligion, se poser à propos des ordres monastiques la question d'opportunité. Aujourd'hui répondent-ils à un besoin social ? Là est la question. »

Voici un dernier trait qui met en relief le point principal de ses préoccupations dans les questions politiques. Un jour, dans une conversation sur la marche générale de la civilisation moderne, Chênedollé vantait le moyen-âge. Auguste de Dampierre, qui ne partageait pas l'admiration de son ami pour cette période de notre histoire, souriait en agitant sa tête, comme pour encourager l'auteur du *Génie de l'homme* à poursuivre le développement de son idée ; puis, quand il crut l'éloge à peu près complet : « Dites-moi, mon cher Chênedollé, lui demanda-t-il brusquement, que faisait-on alors du peuple ? » — « On en faisait litière, mon cher Auguste, » répondit franchement Chênedollé. — « Oh ! le bon temps, le bon vieux temps ! » s'écria Auguste de Dampierre avec une amère ironie. La pensée du châtelain de Bray était profondément juste ; mais, dans l'ensemble de leurs appréciations, les deux amis se trompaient également : l'un, en demandant à une société en plein travail de formation, la sage organisation et les vertus d'une société bien constituée ; l'autre, en attribuant à une civilisation naissante la perfection que le travail et l'observation n'assurent pas toujours à l'âge mûr. L'or dans sa gangue, au sortir de la mine, a bien une haute valeur ; mais a-t-il tout le prix que lui donneront bientôt dans un objet précieux l'intelligence et le travail de l'artiste ?

VI.

Virtus serena, fronte gravis.
STACE.

A notre époque, où l'on juge en général si légèrement des hommes et des choses, on se forme un sentiment bien faux de la vertu. Dites de quelqu'un « c'est un homme de haute vertu », et vous éveillerez aussitôt chez la plupart l'idée d'un homme rigide pour lui-même, du moins au dehors, sévère pour les autres, grave et un peu sauvage : tranchons le mot, l'idée d'un homme ennuyeux. Pour d'autres, l'homme de bien est le juste antique, constant dans ses principes, impeccable, qui ignore et veut ignorer ce qu'une larme ou un sourire versent de charme et de force dans la vie, et qui tomberait impassible sous les ruines du monde écroulé. Tel n'était pas Auguste de Dampierre : il n'avait ni l'amertume de cette vertu revêche, inintelligente ou hypocrite, qui n'obéit souvent qu'au préjugé, au calcul ou à la passion, ni cette insensibilité orgueilleuse du stoïcien qui, se faisant une fausse idée du bien, essaie de tuer le cœur pour élever l'esprit. Il était vraiment homme, et la vertu prenait chez lui une expression belle et noble. Doux, simple, et réellement libre, mais de cette liberté pure que donne seul le calme de la conscience, il avait toujours l'accueil affable, l'allure franche, la parole sincère, le cœur ouvert à tous les sentiments essentiellement humains. Exempte d'ostentation et d'intérêt, sa vertu ne cherchait sa récompense qu'en elle-même; et l'éclat doux et paisible qu'elle répandait autour de lui, n'avait rien à craindre des retours de la fortune, car il ne tirait aucun relief de sa position sociale : dans toute autre condition, il eût encore été lui-même, et ses efforts eussent tendu sans cesse vers tout ce qui est digne de l'homme sage et vertueux.

S'il vivait loin du monde, c'est qu'il savait de quelles tristesses sont suivis les triomphes passagers qu'il procure (1). Du reste, nulle rigidité, nul orgueil dans son amour de la retraite. Son âme délicate fuyait d'une aile craintive le bruit des assemblées vulgaires et la boue des passions humaines (2), mais elle savait goûter le charme que présente un cercle restreint d'amis choisis. Son monde, c'était sa famille qui l'entourait d'une vigilance si affectueuse, de soins si gracieux, et devant laquelle le vieillard toujours heureux, même quand il souffrait, ne permit pas à la douleur de jeter sur son front l'ombre de la plus légère irritation. Son monde, c'était encore un certain nombre de bons voisins que lui faisait chérir et rechercher un beau caractère joint à l'élévation des sentiments et des pensées; c'étaient surtout Jules et Gabriel des Rotours, ces belles âmes dont il disait que la terre n'en porta jamais de plus pures, ni qui lui fussent plus chères; c'étaient les fils de ces vieux compa-

(1) « Mundi gloriam semper comitatur tristitia. » *Imit. J.-C.*, l. II, c. 6.

(2) Cœtusque vulgares et udam
Spernit humum fugiente penna.
HOR.

gnons d'enfance, MM. Raoul et Hugues de Chaulieu, M. Antonin des Rotours, qu'il aimait comme ses propres enfants, et chez lesquels il était heureux de retrouver les fortes vertus, le cœur chaud et généreux de leurs pères. Que de larmes il a répandues sur les deux derniers si inopinément ravis à leur famille, si regrettés de tous ceux auxquels il a été donné d'apprécier leurs qualités de cœur et d'esprit!

« Certains ne sont point en paix et n'y laissent personne; à charge aux autres, plus à charge encore à eux-mêmes (1). » Auguste de Dampierre ne ressemblait pas à ces esprits difficiles : il était l'homme doux et pacifique de l'Écriture. Aussi réalisa-t-il en lui-même cette parole évangélique : « Heureux ceux qui sont doux, car ils possèderont la terre (2). » Il régna sur les siens et sur toute la contrée par le charme de sa douceur. « Ah ! disait récemment encore à M. le curé de Cormelles le conducteur

(1) Et sunt qui nec pacem habent nec alios in pace dimittunt;
Aliis sunt graves, sed sibi semper graviores
Imit. J.-C., l. II, c. 3.

(2) Matth., V, 4.

de l'omnibus de Saint-Silvin à la gare de Moult-Argences, vous allez à Bray, peut-être chez M. de Dampierre, ou plutôt chez M. des Rotours ? — Du reste, reprenait-il, c'est tout un, car il n'y a pas eu de changement. — Eh bien ! vous allez chez de bien dignes gens. On a des amis dans la vie, on a aussi des ennemis ; mais ce que je puis vous attester, M. l'abbé, c'est que si vous alliez d'Argences à Saint-Silvin et à Airan, vous ne trouveriez pas un seul homme ennemi de M. de Dampierre, ni qui ait eu à se plaindre de lui. Ah ! ces hommes-là devraient toujours vivre. » C'est là le cri de l'opinion publique.

Que dire de sa politesse ? Nous ne parlons pas ici de cette politesse de convention qui ne consiste que dans l'élégance des manières et la connaissance parfaite de certaines habitudes mondaines : un homme de son nom la reçoit avec la naissance. D'ailleurs, cette politesse toute de superficie est sans valeur morale ; ce n'est qu'un vernis qui s'acquiert par la fréquentation du monde et recouvre bien souvent une grande nullité. La vraie politesse est un don de nature, une vertu réelle qui ne s'acquiert pas par l'usage, parce qu'elle vient du cœur. La politesse, telle que la pratiquait Auguste de Dampierre, est la résultante des plus belles qualités de l'âme ; la bonté, la douceur, la charité, la modestie, la bénignité et le tact, qui est à toutes les vertus humaines ce que le parfum est à la rose. C'était un spectacle touchant que de le voir dans ses rapports avec les ouvriers. Plein de respect pour ces déshérités de la fortune, il devançait toujours leur salut, si empressés qu'ils fussent eux-mêmes à lui donner cette preuve de leur estime et de leur respect; il les abordait, la casquette à la main, les appelait des noms les plus aimables ; s'il les connaissait particulièrement, il leur offrait de son tabac pour leur pipe, et tout cela avec une bienveillante simplicité, qui gagnait les cœurs sans compromettre la dignité de l'homme. Comme toutes les belles natures, il avait en tout la juste mesure et savait que, « s'il faut avoir de la charité pour tous, la familiarité ne vaut rien (1). »

(1) Charitas habenda est ad omnes, sed familiaritas non expedit. » *Imit. J.-C.*, l. I, c. 8.

Devenu aveugle, il ne sortait plus qu'appuyé sur le bras de sa petite-fille, Mlle Marthe des Rotours, l'ange conducteur de ses vieux ans. Alors, quand il entendait sur le chemin un bruit de pas ou entrevoyait le mouvement d'une ombre, il demandait à son guide le nom de ceux qui passaient, et, le nom connu, il se retournait, si les personnes s'étaient déjà éloignées, pour leur crier avec un sourire affectueux : « Bonjour, mon pauvre un tel ; bonjour, mon bon homme ! » Quelquefois il arrêtait le passant, s'informait de ses affaires avec intérêt et lui donnait un bon conseil. Aussi, comme tous ces villageois estimaient et aimaient cet excellent vieillard !

Nous avons déjà dit qu'il était encore le vrai seigneur du village dans un temps où les seigneuries n'existaient plus ; il l'était, non par le privilége de la naissance ou de la fortune, mais par l'élection du cœur. Sans qu'il eût jamais songé à dominer, il exerçait en tout, autour de lui, une autorité souveraine que chacun s'empressait de reconnaître : on le consultait dans les cas difficiles, on le prenait pour confident de ses joies et de ses peines, on l'établissait juge des différends, et l'on obéissait à ses conseils comme à des arrêts, parce qu'il était le meilleur, le plus intelligent, le plus intègre.

Sa justice avait surtout frappé le paysan, naturellement si vigilant pour ses intérêts. On se rappelle encore à Bray le desintéressement que montra Auguste de Dampierre lors du dessèchement du marais ; et comme d'autres faits d'une équité aussi délicate sont venus s'ajouter depuis à cet acte, le digne châtelain est resté et restera dans le souvenir des habitants de Bray comme le type le plus parfait de la justice sur terre. Qu'eussent-ils pensé, ces bons paysans, s'ils avaient connu le trait suivant, où la foi chrétienne élève à une si grande hauteur morale un scrupule d'équité ?

Quand le précepteur de son petit-fils eut été ordonné prêtre, en 1851, Auguste de Dampierre pria ce jeune abbé de lui dire cent messes.

« — A quelle intention devrai-je dire ces messes ? demanda le prêtre.

« — Voici, répondit simplement le vieillard : une mienne cousine m'a laissé, à sa mort, une maison et une partie de son mobilier, sous la condition de lui faire dire cent messes. Comme je n'étais que cousin éloigné, j'abandonnai le legs avec son obligation aux parents plus proches. Mais j'ai une crainte : on pourrait avoir recueilli fort soigneusement l'héritage et avoir oublié les messes ; et la pauvre défunte souffrirait d'un acte, bon en principe, mais qui la priverait des prières auxquelles elle a droit. Je me le reprocherais. »

Nous ne parlerions pas de sa sobriété, dont nous avons cité un fait remarquable et qui se reproduisit assez fréquemment dans sa vie, si tout, chez Auguste de Dampierre, ne prenait un caractère profondément moral. Quant à sa sobriété physique, qu'il nous suffise de dire qu'il se serait volontiers contenté de la nourriture du soldat, ou même de celle de l'ouvrier. L'entretien de sa santé robuste le forçait, il est vrai, à consommer une assez grande quantité d'aliments ; mais peu lui importait le choix et la délicatesse des mets. Le cidre manquait-il sur la table, il demandait de l'eau, indifférent sur la nature du liquide, pourvu qu'il se désaltérât; puis se ravisant, — et c'est ici le côté moral, — il semblait craindre qu'on ne prît sa dernière demande pour un acte de vertu, et il disait en souriant : « S'il n'y a pas d'eau, qu'on me donne du vin. »

La modération de son âme était encore plus grande. Jamais il ne pensa à s'élever ; jamais il ne désira la richesse pour elle-même, mais pour le bien qu'elle lui permettait de faire; et si parfois il se réjouit de voir prospérer ses entreprises, ce fut beaucoup moins pour lui que pour les siens. Le P. de La Rue a peint, dans un beau vers, le caractère de l'homme sobre pour lui-même et généreux pour les autres:

Uni parca sibi, reliquis profusa voluntas.

On peut appliquer admirablement ce vers à Auguste de Dampierre ; car, une des belles qualités de son âme était cette bienveillance généreuse toujours prête à rechercher, pour le donner aux autres, ce qu'il se serait peut-être refusé à lui-même. Il savait que les bienfaits qu'on accorde sont les seuls biens que l'on possède toujours : aussi, entrait-on chez lui malheureux, on en sortait content.

VII.

Prudentia carnis, mors est : prudentia autem spiritus, vita et pax.
Pauli ad Rom. *Epist.* VIII. 6.

L'âme d'Auguste de Dampierre avait été formée à l'école de la douleur ; et c'est à la puissante discipline du malheur qu'il dut l'excellence de ces belles qualités morales et sociales que nous avons reconnues en lui. Nous ne voudrions pas, à l'imitation de certains esprits orgueilleusement stoïques, affirmer que la douleur n'est point un mal ; non, la douleur est un mal qui peut flétrir et abattre momentanément le corps ; mais, même au point de vue purement humain, ce n'est point un mal stérile pour qui sait le supporter avec cette résignation courageuse que donne le double sentiment de notre dignité et de notre misère. La douleur fortifie l'âme, l'épure et l'élève. En brisant l'orgueil aveugle que l'homme puiserait dans un bonheur calme et constant, elle assouplit le caractère et vivifie le sentiment ; elle ouvre des voies secrètes à l'intelligence elle-même pour juger sainement les hommes et la valeur morale de leurs actions ; elle donne surtout aux actes de la charité, chez celui qui les exerce, je ne sais quel parfum de délicatesse qui console le malheureux, sans le faire rougir de sa souffrance ou de sa misère. L'homme qui n'a pas souffert est un homme incomplet. J'oserais presque dire que la douleur est comme un sixième sens pour l'homme, mais un sens interne qui révèle à l'âme ses propres mystères dans ce qu'ils ont de plus délicat. La douleur ne convie-t-elle pas l'âme à la lutte; et toute lutte ne développe-t-elle pas les forces qu'elle exerce? Les anciens eux-mêmes connaissaient cette action féconde de la douleur ; et Simplice, un des derniers représentants de la philosophie païenne, donne à l'adversité une origine divine.

« Lorsque la Divinité, dit-il quelque part (1), envoie les âmes humaines dans le monde, elle leur donne des forces qui leur permettent de jouir des biens que leur présente la nature et de vaincre les dangers dont elle les menace ; et pour exercer ces forces, de peur que l'inaction ne leur enlève leur énergie et qu'à l'heure du besoin elles ne fassent défaut, la Divinité propose des luttes à l'âme humaine. »

Cette pensée est belle ; mais combien plus grande nous apparaît la douleur sanctifiée par les souffrances divines qui ont racheté le monde, et supportée avec cet esprit chrétien qui accepte le sacrifice du bonheur terrestre pour mieux ressembler à Jésus-Christ ! Cette pensée religieuse du sacrifice fut le soutien d'Auguste de Dampierre au milieu de tous ses malheurs. Il vit tomber successivement autour de lui tous ceux qui tenaient à son cœur par les racines les plus profondes : son enfance fut flétrie par des craintes incessantes, par les dangers toujours menaçants et les persé-

(1) Simplice, *Commentaire d'Épictète*, 8.

cutions qui entouraient les siens ; la mort de sa mère, celle de son père et d'une jeune femme couvrit de deuil sa jeunesse ; à son âge mûr, il vit disparaître, en quelques mois, deux enfants et une femme, êtres chéris sur lesquels il faisait reposer tout son bonheur et tout son avenir ; et, quand la vieillesse vint mêler sur son front ses rides à celles qu'y avaient déjà tracées ses chagrins, Dieu, pour mettre par une dernière épreuve comme un sceau d'élection sur son âme déjà si belle, le frappa de cécité : comme si, jaloux des attachements d'une âme purifiée par la souffrance, et lui réservant un bonheur bien supérieur à tout ce qui passe parmi nous, il eût voulu ravir à celui que nous pleurons le doux spectacle du bien qu'il avait créé autour de lui, et jusqu'à la vue des traits de ceux qui faisaient sa consolation, pour appeler ses pensées à l'unique contemplation de l'éternelle beauté.

Ah ! si Auguste de Dampierre n'avait eu pour lutter contre de telles douleurs que cette patience toute fataliste qu'Horace conseille à l'un de ses amis et qui puise toute sa force dans cette considération qu'un malheur accompli est irremédiable, l'excès de ses maux l'eût peut-être conduit aux emportements aveugles du désespoir. Mais il était chrétien, et son cœur pieux et fervent comprenait la grandeur de l'immolation volontaire sous l'œil de Dieu. L'adversité pouvait courber son front ; mais son âme se tournait tout entière vers Celui qui l'avait frappé et dont il attendait son seul appui et sa seule consolation. Il savait que « l'on est misérable, n'importe où l'on soit, n'importe où l'on se tourne, si l'on ne se jette en Dieu » ; il savait aussi que, « quand on est dans la douleur et dans l'affliction, c'est alors le temps de mériter (1). »

L'*Imitation de Jésus-Christ*, ce livre que l'on pourrait appeler le doux médecin des âmes ardentes et affligées, lui avait appris les voies de la patience chrétienne : « L'homme doit combattre beaucoup et longtemps en soi-même pour apprendre à se vaincre pleinement et à reporter en Dieu toutes ses affections.

(1) *Imitation*, l. I, c. XXII.

Lorsqu'on s'appuie sur soi-même, aisément on se laisse aller aux consolations humaines ; mais lorsqu'on aime véritablement Jésus-Christ et qu'on poursuit ardemment la vertu, loin de s'abattre sur les consolations et de chercher les douceurs sensibles, on désire plutôt les fortes épreuves et les durs travaux à souffrir pour Jésus-Christ (1). » Ces leçons qu'il avait puisées dans les fréquentes lectures qu'il faisait de ce livre, où respire un parfum tout évangélique, n'avaient pas été perdues pour lui ; et il cultivait intérieurement la patience comme une vertu mère de toutes les autres vertus. Et pourtant il était homme : il avait ses heures de faiblesse et d'abattement. Mais jamais sa douleur ne s'échappa en un gémissement de colère : il criait sous l'étreinte de la souffrance, mais il criait vers Dieu, avec un pieux sentiment de sa faiblesse : « Vous savez, ô mon Dieu, disait-il, que je ne puis supporter qu'un faible poids de douleur, et que je tombe bien

(1) *Imit.*, l. II, c. IX.

vite renversé au moindre souffle d'adversité (1). » S'il craignait de se laisser emporter au désespoir, il priait Dieu de lui pardonner sa faiblesse et la froideur de son âme : « Ayez pitié de moi, Seigneur, et retirez-moi de la boue, de peur que je n'y enfonce et n'y reste à jamais submergé (2). Car, dans cette vallée de larmes, il y a bien des maux qui me troublent, m'affligent et assombrissent mon âme, beaucoup qui me détournent, m'entraînent ou m'enlacent et m'empêchent d'aller librement à vous. Soyez touché de mes soupirs et des maux qui désolent ma vie (3). » C'est ainsi que, dans ses défaillances mêmes, Auguste de Dampierre puisait une nouvelle force en cherchant un appui près de celui qui est le principe et la source de toute force.

Belle et sainte patience ! Mais, pour nourrir dans son cœur une telle vertu, toujours vivace et toujours victorieuse de la douleur, il fallait

(1) *Imit.*, l. III, c. XIX.
(2) *Imit.*, l. III, c. XX.
(3) *Imit.*, l. III, c. XXI.

une foi profonde en Dieu et dans les enseignements de la religion ; car la foi est le seul fond sur lequel cette fleur, à la fois si puissante et si délicate, puisse naître et grandir, sans se briser sous les coups répétés de l'orage.

La foi d'Auguste de Dampierre était vive et profonde, mais éclairée et sans ostentation. Aussi éloigné de cette crédulité superstitieuse qui adopte toute croyance sans réflexion que de cet orgueil philosophique qui veut tout pénétrer, il savait faire leur part à la raison et au cœur ; et, sa raison une fois satisfaite, il s'abandonnait tout entier au bonheur de croire en Dieu et en ses mystérieuses révélations, sans cette réserve toujours inquiète des esprits défiants en matière de foi, et qui semblent craindre de donner trop de leur âme à Dieu. Il avait assigné pour frein à sa raison cette parole de saint Paul : *Non plus sapere quam oportet*, ne point philosopher plus qu'il ne faut. Aussi comme il comprenait, comme il sentait vivement ces belles pages où le P. Guénard, développant la pensée de l'apôtre avec la hauteur d'un écrivain de génie, fixe à la raison et à la foi leur rôle et leurs limites ! Avec quel bonheur il les avait confiées à sa mémoire pour en faire la règle de sa vie ! Avec quel accent de conviction il les récitait, lorsque, dans les conversations intimes, il venait à traiter des rapports de la philosophie et de la religion ! En l'entendant, on se disait qu'il eût pu les écrire lui-même :

« Quelles sont donc, en matière de religion, les bornes où doit se renfermer l'esprit philosophique ? Il est aisé de le dire : la nature elle-même l'avertit à tout moment de sa faiblesse et lui marque en ce genre les étroites limites de son intelligence. Ne sent-il pas à chaque instant, quand il veut avancer trop avant, ses yeux s'obscurcir et son flambeau s'éteindre ? C'est là qu'il peut s'arrêter. La foi lui laisse tout ce qu'il faut comprendre ; elle ne lui ôte que les mystères et les objets impénétrables. Ce partage doit-il irriter la raison ? Les chaînes qu'on lui donne ici sont aisées à porter, et ne doivent paraître trop pesantes qu'aux esprits vains et légers. Je dirai donc aux philosophes : Ne vous agitez point contre ces mystères que la raison ne saurait percer : attachez-vous à l'examen de ces vérités qui se laissent approcher, qui se laissent en quelque sorte toucher et manier, et qui vous répondent de toutes les autres. Ces vérités sont des faits éclatants et sensibles dont la religion s'est comme enveloppée tout entière, afin de frapper également les esprits grossiers et subtils. On livre ces faits à votre curiosité : voilà les fondements de la religion. Creusez donc autour de ces fondements, essayez de les ébranler ; descendez avec le flambeau de la philosophie jusqu'à cette pierre antique, tant de fois rejetée par les incrédules, et qui les a tous écrasés ; mais lorsque, arrivés à une certaine profondeur, vous aurez trouvé la main du Tout-Puissant qui soutient, depuis l'origine du monde, ce grand et majestueux édifice toujours affermi par les orages mêmes et le torrent des années, arrêtez-vous enfin et ne creusez pas jusqu'aux enfers ! La philosophie ne saurait vous mener plus loin sans vous égarer ; vous entrez dans les abîmes de l'infini : elle doit ici se voiler les yeux comme le peuple, adorer sans voir, et remettre l'homme avec confiance entre les mains de la foi (1). »

Tels étaient les principes sur lesquels Auguste de Dampierre avait fondé sa vie religieuse ; mais rien d'ascétique, rien de sombre, rien de recherché dans sa pratique ; nul apparat, mais aussi nul respect humain. Il était, par excellence, l'homme humble, simple et sincère. C'était cette humilité et cette simplicité de cœur qui le portait vers Dieu par le sentiment de la misère humaine : « L'humble connaissance de soi-même conduit plus sûrement à Dieu que les profondes recherches de la science (2). » — « Dieu protége l'humble et le délivre, il aime l'humble et le console ; il s'incline vers l'homme humble, il l'enrichit de grâces, et, après l'abaissement, l'élève à la gloire. A l'humble, il révèle ses secrets ; il l'invite et l'attire doucement à lui (3).

Esprit de la famille des Pascal, il était assez

(1) Le P. Guénard, *Discours couronné par l'Académie française en* 1755.

(2) *Imit.*, L. I, c. III.

(3) *Imit.*, l. II, c. II.

profond observateur pour voir la grandeur de Dieu derrière la grandeur de la nature ; et, se repliant sur lui-même pour saisir dans son être toute la faiblesse et, pour ainsi dire, tout le néant de l'homme, qu'il mettait en regard de la perfection souveraine du Créateur, il s'abîmait dans un acte d'humilité et d'adoration. Un mot que nous oserons citer, révèle, par son énergie même, combien il sentait profondément la misère de la condition humaine. Un jour qu'il s'entretenait de ces idées avec le précepteur de son petit-fils, s'abandonnant à cette expressive liberté de langage, dont il usait volontiers en tête-à-tête avec un ami pour formuler plus vivement ses pensées : « L'homme, s'écria-t-il, n'est qu'un orgueilleux ; et pourtant, qu'est-ce que l'homme devant Dieu ? Me permettez-vous de vous le dire crûment ? ajouta-t-il avec un sourire d'ironique dédain : — c'est *une canaille !* »

Mais cette *canaille,* il savait qu'elle avait été rachetée de son abaissement par les souffrances d'un Dieu ; et ce sentiment de la rédemption lui rendait sa confiance, et lui disait que l'homme, si faible qu'il soit, est grand aux yeux de son Créateur qui, pour le relever jusqu'à lui, n'a pas dédaigné de se faire homme lui-même.

Si Auguste de Dampierre aimait à s'entretenir des choses de la religion avec des esprits chrétiens, il fuyait toute discussion avec les incrédules ; et, si l'on attaquait sa foi, au lieu de la défendre par des raisonnements, il répondait par un mot spirituel qui fermait la bouche de son adversaire, et parfois même le faisait rougir de ses attaques.

Voici, entre autres, un trait qui nous montrera l'à-propos de son esprit. Un jour, Auguste de Dampierre, se rendant de Caen à Vire, avait pris place dans une voiture publique. Le personnel des voyageurs était fort mêlé. Un commis voyageur occupait le premier coin. Ce n'était point un de ces commis élégants, comme ils le sont de nos jours, raides dans leur faux-col et leurs habits taillés à la dernière mode, se piquant de distinction et visant aux airs de gentleman ; c'était un jeune homme de vingt-cinq ans environ, aux vêtements mal rangés, la cravate mal nouée, le teint rouge, l'œil hardi, le rire bruyant, les gestes brusques; du reste, un air franc dans toute sa personne. Un gros herbager, les mains solidement appuyées sur les genoux, étalait sa rotondité entre le commis et une vieille paysanne en cornette qui dormait dans le second coin; en face étaient assis Auguste de Dampierre et deux religieuses qui, les yeux baissés sur leur rosaire qu'elles égrenaient silencieusement, abrégeaient par la prière la longueur du voyage.

La conversation n'avait pu s'établir, malgré quelques paroles échangées; et le commis semblait souffrir de ce silence profond. Quand la diligence traversait un village, il interpellait les paysans debout devant leur porte, il excitait de la voix les chiens qui aboyaient après la voiture, et se rejetait ensuite dans son coin, joyeux du mouvement qu'il s'était donné et du bruit qu'il avait fait. La diligence allait sortir d'un village où il s'était livré gaiement à ces innocentes distractions, lorsqu'il voit sortir d'une maison et s'avancer sur la route un prêtre d'un âge déjà mûr.

« — Ah ! voilà un calotin ! » s'écrie-t-il en ricanant.

Tous les yeux des voyageurs se portent sur lui avec surprise. Au son de sa voix gouailleuse, la paysanne se réveille elle-même, et promène autour de la voiture son regard étonné.

« — Ça doit être le curé du village, un gredin comme tous les autres ? » continue-t-il, content d'avoir attiré l'attention de ses compagnons de voyage.

La paysanne laisse échapper une exclamation ; les pauvres religieuses tressaillent et semblent se presser du côté d'Auguste de Dampierre pour s'éloigner de cet insulteur.

« — Triste engeance, reprend-il, que toute cette prêtraille ! Comme si l'on avait besoin de ça ! Je ne suis pas un mécréant, moi ; je crois en Dieu, mais je me fais ma religion moi-même, et je ne vois pas quel besoin on a d'un tas de fainéants qui ne gagnent pas le pain qu'ils mangent et ne sont bons qu'à jeter le trouble dans les familles. On devrait bien nous en débarrasser. — N'est-ce pas, mon voisin ? fit-il en se retournant vers l'herbager.

Le gros homme sourit niaisement et tourna les yeux vers Auguste de Dampierre, qu'il parut vouloir consulter ; mais le regard glacé de ce dernier éteignit le sourire sur les lèvres de l'habitant du Cotentin : il ne répondit pas.

« — Ils font vœu de célibat et de tempérance, reprit le commis, sans se laisser déconcerter par ce peu d'accueil ; mais ces gaillards-là ne renoncent pas plus à Vénus qu'à Bacchus. »

« Hum ! » fit d'un ton de légère impatience l'herbager, qui sentait enfin que les paroles de son voisin prenaient un tour inquiétant pour les religieuses dont la gêne allait croissant. Loin d'arrêter le voyageur de commerce, cette exclamation produisit sur lui l'effet d'un stimulant, et aiguillonna son intempérance de langage. Il se mit à raconter dans leurs détails les plus scabreux deux ou trois affaires scandaleuses qu'il avait recueillies dans les annales judiciaires. Mais ces rares et tristes exceptions ne suffirent pas au besoin qu'il éprouvait de salir le clergé : il prétendit que ces crimes étaient fréquents ; et, pour appuyer sa calomnie, il inventa des faits hideux, échappés, disait-il, à la vigilance de la justice. A l'entendre, chaque ville, chaque village, avait été le théâtre de drames obscurs qu'il peignait dans un langage d'un cynisme révoltant.

Il serait difficile de dire les souffrances des saintes religieuses. La tête baissée, le front rougissant, tremblantes, elles redoublaient pieusement leurs prières. La paysanne, l'œil enflammé d'indignation, se penchait en avant comme pour arrêter de son regard ce voyageur éhonté qui oubliait, dans son langage impudique, jusqu'au respect que l'on doit à des femmes. L'herbager lui-même, auquel le calomniateur semblait s'adresser, se fatigua d'entendre de telles turpitudes, et se détourna légèrement en disant : « — Eh ! sacrebleu, en voilà assez ! »

Depuis longtemps la colère grondait dans le cœur d'Auguste de Dampierre ; mais il savait que l'indignation gagne peu à se traduire devant des esprits aussi grossiers que paraissait l'être le commis voyageur. Il sentait, lui aussi, la rougeur lui monter au visage ; mais, domptant les justes sentiments que lui inspiraient de telles calomnies, il s'efforçait de conserver son calme ; et, quand il se vit bien maître de lui-même, il crut qu'il était temps d'intervenir pour faire expier au voyageur ses accusations injustes et son langage déplacé.

« — Dites-moi, jeune homme, lui dit-il avec un sourire ironique, vous n'êtes pas l'ami des calotins ? »

« — Fichtre ! non ; je les connais trop bien. »

« — Soit, soit ; mais vous êtes Français ? »

« — Je m'en pique, Monsieur. »

« — Très-bien, mon ami ; vous êtes, je suppose, un homme bien élevé ? »

« — Mais, mais, Monsieur, fit le voyageur que cet interrogatoire commençait à inquiéter, vous ai-je donné le droit d'en douter ? »

« — Nullement ; votre conversation m'a parfaitement édifié là-dessus. Vous êtes loyal, sincère ? »

« — Certainement, Monsieur ; mais, puis-je vous demander, à mon tour, où vous voulez en venir ? » dit le commis de plus en plus embarrassé.

« — Encore une petite question », fit Auguste de Dampierre.

Il est inutile de dire que les deux religieuses, l'herbager, la paysanne avaient tourné leurs regards vers Auguste de Dampierre, qui, conservant toujours son calme imperturbable et laissant errer sur ses lèvres son sourire sarcastique, s'était tu un instant, comme pour bien peser les paroles qu'il allait prononcer. Tous pressentaient une attaque, et tous, au ton mordant de la voix d'Auguste de Dampierre, comprenaient que l'attaque serait décisive et victorieuse.

— « Vous appartenez, je crois, reprit-il, à la digne corporation des commis voyageurs ? »

— « Et j'en suis fier, Monsieur ! »

— « Cela vous est permis. Eh bien ! je suppose que l'on mette d'un côté une douzaine de ces vauriens de curés, pris au hasard, et de l'autre une douzaine d'honnêtes commis voyageurs, pris également au hasard, ou même choisis avec soin, si vous le préférez : dites-moi, franchement, parole d'honneur, de quel côté seront, selon vous, la vraie morale et la vraie vertu ? »

Le commis voyageur confondu parut hésiter un moment.

— « Eh bien, Monsieur ? » fit Auguste de Dampierre.

— « Par ma foi, répondit le jeune commis un peu déconcerté, ce ne sera pas du côté des commis voyageurs, puisqu'il faut l'avouer franchement. »

Un éclat de rire moqueur accueillit cette confession forcée ; et le jeune homme, qui était peut-être encore plus étourdi que vicieux, tâcha de faire oublier par sa bonne tenue et une conversation plus sage les attaques qu'il avait inconsidérément lancées contre les prêtres et contre la religion.

— « Cela s'appelle river proprement son clou à quelqu'un, » disait le précepteur de M. Georges des Rotours, à qui Auguste de Dampierre racontait cette rencontre.

— « Eh ! Monsieur l'abbé, reprit celui-ci en souriant, j'aurais pu avoir affaire à un homme violent et plus corrompu, qui se serait moins prêté à la leçon. Mais ce jeune homme n'était sans doute qu'un esprit égaré par le mauvais exemple et le manque d'éducation religieuse ; et, pour moi, je suis persuadé qu'au fond il y avait encore en lui beaucoup de bon. Pour la plupart de ces âmes qui nous paraissent perdues de corruption, nous devons avoir plus de pitié que d'indignation ; c'est une loi de charité. Et puis, replions-nous sur nous-mêmes ; si dans notre pauvreté morale nous valons quelque chose, demandons-nous à qui nous le devons. Cette pensée se présente souvent à mon esprit ; et alors je me sens ému d'une profonde reconnaissance pour ma bonne mère, dont les soins assidus déposèrent dans mon cœur l'amour de Dieu et de la religion. C'est à elle que je dois d'être chrétien.

« Et, en effet, mon cher Monsieur l'abbé, mon enfance s'est passée dans un temps peu favorable aux sentiments religieux. Quand je suis né, il y avait comme un souffle d'irréligion répandu dans l'air. J'avais treize ans, quand les églises furent profanées, les prêtres chassés, persécutés, mis à mort, quand la honteuse immoralité fut intronisée sur les saints autels. J'entendais les hommes qui faisaient tout plier sous leur pouvoir baffouer les croyances que l'on m'avait inspirées au foyer paternel. J'avais la légèreté de mon âge, et j'aurais pu me laisser entraîner au courant du siècle. Que serais-je devenu, si ma mère ne m'eût maintenu avec son autorité affectueuse dans l'amour de ces principes religieux qui ont été le soutien de ma vie et font aujourd'hui la consolation de ma vieillesse ?

« Voyez, Monsieur l'abbé, à un demi-siècle de distance, quand je pense à cette triste époque, je ressens encore les émotions profondes qui me remuèrent alors. C'était un drame terrible mêlé de comédie bouffonne..... Mais je vous ennuie avec mes souvenirs de vieillard : j'ai l'air de revenir d'un autre monde.

— « Vous m'instruisez, M. de Dampierre, lui disait le jeune prêtre, et vos souvenirs sont pour moi comme un livre précieux que j'aimerais à feuilleter : c'est pour moi une histoire simple et vraie, dépouillée de cet apparat dont l'art de l'écrivain l'enveloppe toujours. »

— « Après tout, reprenait le vieillard, autant causer de cela que d'autre chose. Mes souvenirs se présentent en foule à ma pensée ; et, pour ne parler que des actes accomplis dans le lieu où j'habitais, je revois, pour ainsi dire, se succéder tous les faits malheureux qui accompagnèrent la suppression du culte dans notre pauvre commune de Bray. Un jour, c'était un commissaire de l'assemblée primaire du canton de Saint-Silvin, qui venait enjoindre, au nom de la loi, à nos officiers municipaux de faire descendre nos cloches, à la réserve d'une seule, pour les transporter à Falaise. Nous avions deux belles cloches, qui sonnaient si bien ! On garda la grosse. Je vis partir la seconde, conduite sur une charrette par Bouillard dont vous connaissez les fils. Eh bien ! à part quelques criards toujours prêts à tout applaudir, on n'était pas joyeux à Bray. Le peuple aime ses cloches, surtout dans les campagnes. Elles ont une voix ; et il semble qu'elles aient une âme, comme dit le poète, pour sentir avec nous nos joies et nos douleurs. Elles ont des chants pour annoncer notre naissance, elles prient avec nous dans toutes les fêtes de la vie, elles ont des soupirs pour pleurer notre mort: leurs voix nous appellent dans les hauteurs du ciel, et nous parlent de l'infini. Je pleurai ce jour-là. Bouillard reçut neuf livres pour paye de son voyage.

Une autre fois, en prairial an II, comme on disait alors, un administrateur de Falaise vient faire passer un interrogatoire aux officiers municipaux de Bray. Je me rappelle particulièrement deux questions consignées dans le procès-verbal de cet interrogatoire que j'ai lu sur les registres de la commune :

Question 10 : « Conformément à l'arrêté du comité de salut public du 23 floréal : « La municipalité fera substituer au frontispice de l'édifice servant ci-devant au culte, à ces mots — *Temple de la Raison* — les suivants : — *Le peuple français reconnaît l'être suprême et l'immortalité de l'âme* — ; a-t-on fait cette substitution ? »

La municipalité de Bray était en retard ; mais

la substitution fut faite par Pierre Bouet qui s'efforça de graver l'inscription le moins mal possible.

Question 12 : « A-t-on fait, conformément au décret du 14 ventôse, l'envoi des chanvres, cloches, cordes, métaux et linges provenant des églises ? »

Réponse : « Oui, excepté le linge que la municipalité *envoira* le plus tôt possible. »

Restaient encore ce que l'on peut appeler les meubles de l'église. Au commencement de messidor an II, on se réunit pour les vendre. Voici quelques prix qui sont restés gravés dans ma mémoire :

Le grand autel du chœur, vendu 90 livres 15 sols ;

Le deuxième autel à droite en entrant, 20 livres ;

Le troisième autel, 26 livres ;

Le confessionnal, 12 livres.

Ensuite on vendit le lutrin, les tabourets, la pierre du grand autel, les fonts baptismaux, le bénitier en pierre du bas de l'église, la croix du cimetière. Puis le conseil déclara que :

« Vu qu'il s'est encore trouvé des objets qui ont frappé la vue de l'agent national, comme étant capables de faire encore revivre l'ancien régime, lesquels décorent encore l'ancienne chapelle de la Vierge et la chapelle de St-Milfort, et les stalles du *cœur* (*sic*) qui *sonts* (*sic*) encore des débris d'idoles que l'erreur et le mensonge pourraient faire renaître dans les cœurs d'un peuple crédule et trompé, le citoyen agent arrête qu'il va être vendu à l'encan sur le champ ces *débrits*, afin qu'il n'y ait aucun vestige qui puisse frapper les cœurs des vrais républicains. »

Et immédiatement on vend l'autel de la Vierge 18 livres 10 sols; l'autel St-Milfort, 25 livres, et les stalles, 36 livres.

Une autre fois on se réunissait dans notre pauvre église profanée pour prêter serment à la République une et indivisible. J'ai vu plusieurs de ces réunions; mais l'une d'elles est restée profondément gravée dans mes souvenirs. L'église était vide de tous ses ornements; aucun vestige ne pouvait plus blesser les yeux délicats des patriotes. L'inscription ordonnée par le comité de salut public se lisait sur le frontispice, orgueilleuse déclaration qui insultait à Dieu en daignant le reconnaître. Le 26 messidor an II, on sentit le besoin de s'affermir dans la nouvelle foi par un serment solennel. Le maire et son conseil, suivis de toute la population, se rendent à l'église dans cette intention. Un sentiment de réparation s'offrit ce jour-là à la pensée de ma pieuse mère. Elle voulut qu'une prière sincère s'élevât vers Dieu au milieu de cette fête sacrilége, pour demander à Celui qui implora son père en faveur de ses bourreaux de pardonner à toute cette population aveuglée par la passion. Elle pénétra avec moi dans l'église à la suite de la foule. Quel triste spectacle, mon cher Monsieur l'abbé ! Le maire, debout au milieu du sanctuaire et entouré de ses officiers municipaux, présidait à la place où naguère le prêtre appelait sur l'autel le saint des saints. Quand l'église fut remplie, il prononça le serment légal, après avoir expliqué aux jeunes et aux vieux citoyens et citoyennes le but et l'esprit de la réunion :

« Je jure, dit-il, le bras étendu vers la foule,

de soutenir l'unité et l'indivisibilité de la république, de maintenir de tout mon pouvoir la liberté et l'égalité, d'empêcher toute malveillance, de faire la guerre aux tyrans et aux anarchistes, et de ne mettre bas les armes que lorsque la Convention nationale sera libre et la France vengée des attentats commis contre la souveraineté du peuple, ou de mourir à *nos postes* en défendant toutes ces choses. »

Chaque conseiller prononça tour à tour le même serment ; le maire invita l'assistance à prêter le serment tout d'une voix, et cette foule bruyante et presque tumultueuse, les bras tendus avec une ardeur fébrile, cria : « nous le jurons ! »

Cependant ma pauvre mère, le front courbé, s'absorbait tout entière dans une prière mentale ; je sentais qu'elle tremblait à mon côté. Tout à coup je la vis pâlir, puis s'affaisser sur elle-même ; son cœur de chrétienne avait trop souffert : elle était évanouie. Éperdu d'effroi et de douleur, j'essayai vainement de la relever et de la soutenir ; j'étais encore trop faible. Les femmes qui nous entouraient, un moment émues par ce spectacle, s'approchèrent de ma mère pour la relever, et la conduisirent jusqu'à la porte de l'église ; mais là, le sarcasme d'un patriote étranger à la commune étouffa le sentiment d'humanité qui avait fait taire pour quelques secondes la passion politique.

— « Bah ! dit-il en ricanant, c'est une aristocrate à laquelle la liberté fait mal au cœur. Prenez garde : quand elle reviendra de son évanouissement , elle se croira salie par les mains du peuple. »

Ces paroles réveillèrent chez les femmes ce que l'on appelait alors le patriotisme ; elles s'écartèrent l'une après l'autre, et rentrèrent dans l'église. Nous restâmes seuls. Ma mère reprit bientôt ses sens, et le courage lui revint avec la conscience de sa situation. Elle se leva, quoique bien faible encore, s'appuya un peu sur mon bras, et nous partîmes.

— « Viens, mon enfant, me dit-elle doucement ; le bon Dieu, qui voit mon cœur, me donnera la force de rentrer au château. » — Le bon vieillard se tut un moment.

— « Quel temps, M. de Dampierre ! s'écria

le jeune prêtre, dont ce triste récit faisait couler les larmes. Vous ne devez vous rappeler ces choses qu'avec une profonde douleur.

— « Avec émotion et tristesse, M. l'abbé, mais sans amertume. Ces faits sont déjà loin de nous, et nous pouvons les juger avec désintéressement. Nous devons y chercher moins un sujet de récrimination contre les hommes, que l'action de la Providence. Les hommes ne sont que des instruments dans la main de Dieu, qui sait toujours tirer le plus grand bien de ce qui semble à nos faibles yeux un malheur stérile. Cette terrible révolution est, à mon sens, tout à la fois un châtiment des vices et des abus des siècles passés, et un pas immense vers une constitution sociale bien supérieure à l'ancienne. Les excès et les crimes de ce temps sont l'œuvre de la passion humaine ; les résultats féconds sont l'œuvre de Dieu. Il faut savoir souffrir ; le progrès est à ce prix. »

Le pieux et aimable patriarche de Bray se promenait alors, dans son parc, avec le précepteur de son petit-fils. Le parc de Bray est une des belles créations d'Auguste de Dampierre. Composé de groupes nombreux d'arbres de vingt essences différentes : peupliers au feuillage tremblant, dont le tronc mesure parfois jusqu'à quatre mètres de circonférence; bouleaux au port élancé, qui attirent de loin le regard par l'éclat luisant de leur blanche écorce ; pins Laricio de Corse et pins de Calabre, magnifiques pinsapos, hêtres touffus, acacias aux rameaux rougeâtres, cèdres odoriférants, il couvre de ses massifs ombreux une vaste étendue de terrain conquis sur le marais. Il est enfermé, pour ainsi dire, par une allée de ceinture, large de trois mètres, et bordée, ici de groupes d'arbustes, où l'ébénier mêle son feuillage noir et épais à la verdure plus légère des lilas, des noisetiers et des épines ; là, par une ligne de pins de Calabre et de sapinettes ; ailleurs, par des fourrés impénétrables aux rayons du soleil. Cette allée forme une ellipse très-allongée, dont l'extrémité nord-est suit, sur une longueur de cent mètres environ, les bords de la Muance. Vers le sud-ouest, les arbres qui bordent l'allée sont si serrés et si touffus qu'ils forment, en se réunissant au-dessus, une sombre voûte de verdure.

Au moment où Auguste de Dampierre prononçait les dernières paroles que nous avons rapportées, il venait de quitter, avec son compagnon, les bords de la Muance, et se dirigeait, en regagnant le château, vers un colossal peuplier qui se trouvait sur le bord même de l'allée. Il s'était tu quelques instants ; puis, s'arrêtant d'un air méditatif, comme pour s'orienter dans sa pensée (car ses yeux ne pouvaient plus lui servir), il frappa de sa canne ce géant du parc.

— « Nous devons être en face du grand peuplier ? » dit-il.

— « En effet, monsieur de Dampierre », répondit le jeune abbé.

— « Eh bien ! voyez ce gigantesque peuplier, qui se distingue au milieu des autres par son élévation et l'étendue de son feuillage. A sa base, il mesure cinq mètres de circonférence : c'est le roi du parc. Que peut le vent contre lui ? L'orage a beau se déchaîner sur la vallée dans toute sa violence ; il brise quelques branches, qui repousseront bientôt ; il emporte quelques feuilles, qui renaîtront au printemps prochain ; mais l'arbre lui-même reste victorieux de la fureur de l'aquilon. N'est-ce pas là l'image, mon cher monsieur l'abbé, de l'impuissance des efforts de la révolution contre le catholicisme ? image bien faible, je le veux, mais pourtant assez exacte.

« Avez-vous lu, sur cette pensée, une page du comte Joseph de Maistre, dans ses *Considérations sur la France ?* »

« — Je ne connais pas cet ouvrage, monsieur de Dampierre. »

« En me recueillant un moment, cher monsieur l'abbé, reprit le vieillard, je la retrouverai peut-être dans mes souvenirs. » Et, ce disant, Auguste de Dampierre suspendit à son poignet gauche la canne sur laquelle il s'appuyait, et, relevant le front par un mouvement plein de noblesse et de fierté, le bras à demi-étendu pour accompagner son débit, il récita ces lignes énergiques avec un accent profond, où se mêlaient tour à tour l'indignation, l'ironie, la joie du triomphe :

« Vous disiez que le sceptre soutenait la tiare ? Eh bien ! il n'y a plus de sceptre dans la grande arène ; il est brisé, et les morceaux sont jetés dans la boue. Vous ne saviez pas jusqu'à quel point l'influence d'un sacerdoce riche et puissant pouvait soutenir les dogmes qu'il prêchait ? Je ne crois pas trop qu'il y ait une puissance de faire croire ; mais passons. Il n'y a plus de prêtres ; on les a chassés, égorgés, avilis ; on les a dépouillés ; et ceux qui ont échappé à la guillotine, au bûcher, aux poignards, aux fusillades, aux noyades, à la déportation, reçoivent aujourd'hui l'aumône qu'ils donnaient jadis. Vous craigniez la force de la coutume, l'ascendant de l'autorité, les illusions de l'imagination ? Il n'y a plus rien de tout cela ; il n'y a plus de coutume ; il n'y a plus de maître : l'esprit de chaque homme est à lui. La philosophie ayant rongé le ciment qui unissait les hommes, il n'y a plus d'agrégations morales. L'autorité civile favorisant de toutes ses forces le renversement du système ancien, donne aux ennemis du christianisme tout l'appui qu'elle lui accordait jadis ; l'esprit humain prend toutes les formes imaginables pour combattre l'ancienne religion nationale. Ces efforts sont applaudis et payés, et les efforts contraires sont des crimes. Vous n'avez plus rien à craindre de l'enchantement des yeux, qui sont toujours les premiers trompés; un appareil pompeux de vaines cérémonies n'en impose plus à des hommes devant lesquels on se joue de tout depuis sept ans. Les temples sont fermés ou ne s'ouvrent qu'aux délibérations bruyantes et aux bacchanales d'un peuple effréné. Les autels sont renversés ; on a promené dans les rues des animaux immondes sous les vêtements des pontifes ; les coupes sacrées ont servi à d'abominables orgies; et sur ces autels, que la foi antique environne de chérubins éblouis, on a fait monter des prostituées nues. Le philosophisme n'a donc plus de plaintes à faire ; toutes les chances humaines sont en sa faveur; on fait tout pour lui et tout contre sa rivale. S'il est vainqueur, il ne dira pas, comme César, *je suis venu, j'ai vu, j'ai vaincu;* mais enfin il aura vaincu : il peut battre des mains et s'asseoir fièrement sur une croix renversée. Mais si le christianisme sort de cette épreuve terrible plus pur et plus vigoureux ; si, Hercule chrétien, fort de sa seule force, il soulève le fils de la terre et l'étouffe dans ses bras, *patuit Deus!* — Français! faites place au roi chrétien, portez-le vous-mêmes sur son trône antique ; relevez son oriflamme, et que son or, voyageant d'un pôle à l'autre, porte de toutes parts la devise triomphale : »

LE CHRIST COMMANDE, IL RÈGNE,
IL EST VAINQUEUR.

— « C'est une bien belle page en effet! s'écria le précepteur de M. Georges des Rotours, quand le vieillard s'arrêta. Mais ce que j'admire surtout, monsieur de Dampierre, c'est la facilité avec laquelle vous réunissez vos souvenirs. Y a-t-il longtemps que vous avez lu ce passage de Joseph de Maistre? »

— « Mais, mon pauvre monsieur l'abbé, répondit en souriant Auguste de Dampierre, il y a bien de ça vingt-cinq ans. Cette page me frappa tout d'abord dès que je la lus, moins par la beauté du style, qui peut paraître un peu déclamatoire, que par la profondeur de la pensée. Joseph de Maistre y prouve quelque chose de plus qu'il ne pensait prouver. Dans la pensée de l'écrivain, les destinées du catholicisme sont indissolublement jointes à celles de la dynastie de Bourbon ; mais Dieu n'a pas besoin d'un homme ou d'une famille spéciale pour l'accomplissement de ses desseins éternels, et les faits avec le temps se sont chargés de démontrer le côté faible du jugement de ce puissant philosophe, comme pour en faire mieux ressortir le côté victorieux : l'indestructibilité de la religion ! Le *trône antique* a croulé de nouveau, l'oriflamme aux fleurs de lys est repartie pour l'exil, l'*or* à l'effigie des Bourbons ne *voyage* plus *d'un pôle à l'autre*, et le Christ demeure toujours vainqueur, et sa religion, malgré les efforts conjurés de ses nouveaux ennemis, voit grandir chaque jour sa puissance bienfaisante ; *Ipsi peribunt, tu autem permanebis.* »

Ce qui distinguait la piété d'Auguste de Dampierre, c'était une douce simplicité dans la foi, toujours inséparable de la charité. Il n'aimait pas ces écrivains au tempérament bilieux qui s'érigent en défenseurs de la religion et ne savent que la compromettre par les intempérances de leur plume, mieux faite pour lancer le sarcasme de la haine que pour tracer une parole de charité et de clémence. Il n'était pas de l'école de Joseph de Maistre ; et, tout en admirant le talent incontestable de ce violent penseur, il regrettait la sécheresse de son âme et l'infécondité de son action morale. Est-il nécessaire de dire qu'il avait peu d'estime pour la manière de M. Louis Veuillot (1)? Selon lui, les

(1) L'*Univers*, disait en 1850 le savant et pieux Ozanam, travaille de son mieux à l'impopularité de l'Église, en cherchant querelle à ce qu'elle a de populaire, en attaquant, par exemple, le P. Lacordaire pour réhabiliter l'Inquisition. Ne trouvez-vous pas le moment bien choisi ? Il y a deux écoles qui ont voulu servir Dieu par la plume. L'une prétend mettre à sa tête M. de Maistre, qu'elle exagère et qu'elle dénature ; elle va cherchant les paradoxes les plus hardis, les thèses les plus contestables, pourvu qu'elles irritent l'esprit moderne. Elle présente la vérité aux hommes, non par le côté qui les attire, mais par celui qui les repousse. Elle ne se propose pas de ramener les incroyants, mais d'ameuter les passions des croyants.... L'autre est celle de Lacordaire et de l'abbé Gerbet ; elle a pour but de chercher dans le cœur humain toutes les cordes secrètes qui le peuvent rattacher au christianisme, de réveiller en lui l'amour du vrai, du bien et du beau, et de lui montrer ensuite

luttes du journaliste, trop souvent enclin à un emportement grossier, irritaient plutôt le fiel des adversaires de la religion qu'elles n'assuraient des victoires à la foi. Les esprits qu'il aimait le plus, c'étaient Lacordaire et Ozanam. Il trouvait chez eux l'élévation réelle de la pensée et l'ardeur de la foi unies à cette modestie, à cette charité, à ce tendre prosélytisme, qui font le plus doux charme du chrétien ; et, sans oser se l'avouer à lui-même, il sentait, pour ainsi dire, que son âme était sœur des belles âmes de ces aimables apôtres du catholicisme.

Que dirons-nous de ses pratiques religieuses ? Il donnait aux paroisses de Bray et de Fierville l'exemple de la fidélité dans l'accomplissement de ses devoirs de chrétien. A soixante-quinze ans, quelle que fût la température, quels que fussent les chemins, il se rendait chaque dimanche à l'église de Fierville, appuyé sur le

dans la foi révélée l'idéal de ces trois choses auxquelles toute âme aspire; de ramener enfin les esprits égarés, de grossir le nombre des chrétiens. J'avoue que j'aime mieux être de ce parti, et je n'oublierai jamais cette parole de saint François de Sales : « Qu'on prend plus de mouches avec une cuillerée de miel qu'avec une tonne de vinaigre. » (Frédéric OZANAM, Lettres.)

bras de sa petite-fille, Mlle Marthe des Rotours, pour assister à la messe et aux vêpres. Au retour des vêpres, il se faisait conduire à sa chambre, toujours par son guide dévoué; et, quand il s'était placé dans son fauteuil, Mlle Marthe des Rotours lui lisait un ou plusieurs chapitres de l'Imitation de Jésus-Christ. C'était dans ces lectures du dimanche soir, faites par une voix aimée, qu'il puisait la meilleure partie de sa nourriture morale, et la force de supporter la vie devenue alors pour lui si triste et si solitaire au milieu des ténèbres de sa cécité. La sanctification du dimanche ne composait pas toute sa vie religieuse. Il communiait fréquemment; et, chaque matin, avec l'appui de son ange conducteur, il allait entendre la messe à l'église de Fierville. Ces exercices de piété, connus de tout le monde, ne suffisaient encore pas à son âme. On peut dire que la prière était l'occupation constante de sa vie. Aussitôt qu'il se trouvait seul et qu'il se croyait à l'abri de tout regard, au lieu de s'égarer sur des pensées fugitives et terrestres, son âme s'abîmait dans la prière.

— « Dans les moments où je me trouvais libre, nous a dit M. le curé de Cormelles, quand la classe finie je me rendais dans la grande allée du parc, lieu habituel de nos charmantes causeries, j'apercevais souvent de loin le vieillard qui m'attendait, marchant lentement, le front légèrement penché. Je ne voyais pas toujours le mouvement de ses lèvres; mais, à sa pose respectueuse, à l'expression à la fois humble et sereine de ses traits, je reconnaissais qu'il priait. Je m'arrêtais pour ne point l'interrompre; et sa vue me remplissait moi-même d'un profond sentiment de piété. Je sentais que Dieu était plus spécialement présent entre nous, et je m'inclinais aussi pour joindre ma prière à celle du vieillard. »

Auguste de Dampierre avait le plus grand mépris pour la vie présente. Il se sentait exilé ici-bas, et toutes ses aspirations allaient au delà de la tombe.

« Certes, disait-il parfois avec l'auteur de l'Imitation, c'est une grande misère que de vivre sur la terre. Plus on s'attache aux choses spirituelles, plus la vie présente devient amère, parce qu'on sent mieux et qu'on voit plus clairement les infirmités et la corruption humaines ; car manger, boire, veiller, dormir, se reposer, travailler, être soumis à toutes les nécessités de la nature, c'est vraiment une misère et une affliction profonde pour l'homme pieux qui voudrait tant se voir affranchi et délivré de tout péché. En effet, les nécessités du corps, ici-bas, sont un dur fardeau pour l'homme intérieur (1). »

Ces sentiments profondément chrétiens lui rendaient bien légère la pensée de la mort. « Dieu a été mon espérance dès la jeunesse, disait-il ; pourquoi craindrais-je de mourir, puisque Dieu est la source de toute vie ? »

La pensée des joies du ciel laissait pourtant une tendre inquiétude dans l'âme de ce chrétien si ardent dans sa foi. Le grand amour qu'il avait toujours éprouvé pour sa famille, lui faisait craindre que ces liens si chers ne fussent rompus par la mort ; et il se demandait si l'homme justifié conserverait au ciel une affec-

(1) *Imit.*, l. I, c. XXII.

tion spéciale pour ses parents. Tous ces sentiments naturels qui font notre bonheur ici-bas, tous ces doux souvenirs de famille, disait-il, ne seront-ils point absorbés dans l'immensité de l'amour divin, comme une goutte de rosée dans les flots de l'Océan ? Le « *sicut angeli* » de l'Évangile, tout en élevant sa pensée et ravissant sa foi, contristait un peu son cœur. « Quelle est votre pensée sur ce point, cher monsieur l'abbé ? » demanda-t-il un jour au précepteur de son petit-fils.

— « Eh ! monsieur de Dampierre, répondit ce dernier, mon intelligence est trop bornée pour que je puisse avoir un sentiment personnel sur cette grande question ; mais j'aime à me redire les belles paroles de Châteaubriand :

« Les nobles passions, dit-il dans la peinture qu'il a tentée du ciel, ne sont point éteintes dans le cœur des justes, mais seulement purifiées : les frères, les époux, les amis continuent de s'aimer ; et ces attachements qui vivent et se concentrent dans le sein de la divinité même, prennent quelque chose de la grandeur et de l'éternité de Dieu (1). »

— « Votre pieux ami, Chênedollé, continua le jeune abbé, ne dit-il pas lui-même dans son *Génie de l'Homme* :

Oui, l'homme doit revoir sa divine patrie ;
Le tombeau la lui rouvre ; et l'héritier du ciel,
En plongeant dans la mort, se relève immortel.
. . . .
. . . .
Oh ! qu'alors il verra de natures nouvelles
Dérouler devant lui leurs beautés éternelles !
Heureux, s'il peut surtout de ses yeux attendris
Revoir ceux qu'ici-bas son amour a chéris.

— « Ce désir, monsieur de Dampierre, est un besoin sorti des profondeurs de notre être ; ce besoin doit être satisfait, il le sera, soyez-en sûr ; tous les grands docteurs de l'Église nous en donnent l'assurance.

« Les justes se rappelleront leurs combats ; comment oublieraient-ils leurs plus chers compagnons d'armes ? »

Le bon vieillard parut rassuré.

(1) Chateaubriand, *Les Martyrs*.

Nous avons déjà parlé de la charité d'Auguste de Dampierre, mais il manquerait, ce nous semble, un trait à sa physionomie, si nous ne racontions un fait touchant que nous tenons de M. le curé de Cormelles. Laissons la parole au témoin lui-même :

« Un soir, nous nous mettions à table pour le dîner ; après quelques instants de ce court silence pendant lequel on satisfait au besoin le plus pressant, qui est l'appétit, M. de Dampierre pose tout-à-coup sa cuillère près de son assiette, et relevant la tête comme sous l'action d'un souvenir subit, il interpelle son gendre : « Dis-moi, Léon, que devient ce pauvre X*** ? » La personne qui excitait les préoccupations de M. de Dampierre était un habitant de Bray, malade depuis quelque temps. — « Monsieur de Dampierre, il va un peu mieux », répondit M. des Rotours. — « Ah ! tant mieux », s'écria avec un mouvement de joie le bon vieillard, qui reprit en silence sa cuillère pour manger son potage. Le silence dura peu ; M. de Dampierre, s'interrompant de nouveau, demanda avec un sentiment de charitable inquiétude, si le malade n'avait point besoin de quelque chose. — « Non, monsieur de Dampierre ; je suis allé le voir cette après-midi et j'ai eu soin de m'occuper de lui. » Le silence recommence, et M. de Dampierre achève son potage. Mais l'esprit du pauvre aveugle travaille toujours ; il n'est pas rassuré, et il sent le besoin d'entrer dans les détails de la charité. « A-t-il du bois ? — Oui, monsieur de Dampierre. » Nouveau silence. « A-t-il de la viande ? — Oui, monsieur de Dampierre. » Nous ne pensions plus à manger. Je restais les yeux attachés sur cet excellent vieillard qui me paraissait l'expression même de la charité. Sa fille, heureuse de le voir si bon, le regardait avec un sourire de respect et d'amour : « Pauvre bonhomme de père, disait-elle, il n'est pas encore rassuré. » Et une larme d'attendrissement roulait de ses yeux. M. des Rotours comprit le besoin de mettre fin en une parole aux soucis charitables de son beau-père : « Soyez tranquille, monsieur de Dampierre, le malade a du bois, du pain, du vin, de la viande et même des confitures. » Alors seulement, M. de Dampierre parut satisfait; et, coupant son bœuf avec plus de calme, il dit tout bas, comme en façon d'*a parte*, mais non tellement bas que je n'aie pu l'entendre, car je suivais du regard tous ses mouvements : « En vérité, quand je vois des gens si malheureux, je me reproche le morceau de bœuf que je mange. » Nous étions tous émus d'admiration, et le vieillard était seul à ignorer l'excellence de sa charité. »

Mais il était toujours le premier à admirer chez les autres les actes de cette grande et généreuse vertu, et il aimait à les raconter quand il en rencontrait l'occasion. Nous nous rappelons, entre autres, un trait que le vieillard ne pouvait redire sans émotion. Monge, l'illustre inventeur de la géométrie descriptive, et l'un des fondateurs de l'école polytechnique, vint à Caen, au commencement du premier Empire. Il y eut réception à la préfecture à l'occasion de son passage. Le dîner était terminé, et l'hôte célèbre entrait au salon au milieu du concours de tous les invités à la soirée, lorsqu'un pauvre parvient à se glisser jusque sous la fenêtre près de laquelle Monge s'entretenait déjà avec le préfet, et implore tout-à-coup la charité de ceux dont il voyait se mouvoir les ombres, par ce cri si connu : « N'abandonnez pas un pauvre malheureux..... » Toute la société tressaille, on paraît mécontent; les plus empressés à faire leur cour à l'ami de Napoléon craignent que le sentiment d'une misère si rapprochée, éveillé par ce cri, ne trouble la quiétude de Monge et ne jette un voile de tristesse sur la soirée. De leur côté, les domestiques accourent; on saisit, on entraîne le mendiant assez indiscret pour demander quelque subsistance à des gens bien repus. Le pauvre crie. A ce moment Monge, arraché à sa conversation par le tumulte qui s'est produit, s'informe du motif de tout ce bruit. A peine l'a-t-il appris, il ouvre lui-même la fenêtre, appelle le malheureux, et, étendant le bras le plus possible, il dépose doucement dans le chapeau du mendiant une pièce d'argent. Puis, se retournant vers tous les conviés étonnés de son action, il dit d'une voix émue : « A quoi a-t-il tenu que je ne fusse à la place de ce malheureux, et lui à la mienne ? » Et Monge avait raison, concluait le vieillard ; nous devons toujours, mais surtout en présence de la misère des autres, répéter ce mot de saint Paul : « *Quid habes quod non accepisti, et quid gloriaris, quasi non acceperis?* »

VIII.

Rien ne trouble sa fin, c'est le soir d'un beau jour.
LA FONTAINE.

« Non intres in judicium cum servo tuo : quia non justificabitur in conspectu tuo omnis vivens. »
DAVID, Psaume 142, v. 2.

Le 10 septembre 1868, Auguste de Dampierre était entré dans sa quatre-vingt-dixième année. Depuis longtemps déjà il ne restait plus de cet homme, que la nature avait si fortement constitué, qu'un triste débris. Aveugle, presque sourd, atteint de ces infirmités qui sont le misérable et fatal apanage de l'extrême vieillesse, la vie, jusqu'alors si peu douce pour lui, ne lui paraissait plus qu'un douloureux fardeau. Mais, pendant qu'il s'éteignait lentement, un rayon de bénédiction divine, descendu sur sa famille, échauffa un instant son cœur au feu du sentiment le plus doux entre toutes les affections humaines.

Le 7 novembre 1866, M. Georges des Rotours, son petit-fils, avait épousé, à Douai (Nord), Mlle Thérèse Prévost, fille de M. Prévost et de Mme Prévost, née Payen de Brébières; et, le 24 octobre 1867, naissait de ce mariage une enfant, qui reçut sur les fonts baptismaux le beau nom de Marie-Thérèse. Auguste de Dampierre se vit ainsi béni dans sa postérité, au moment où il avait déjà, pour ainsi dire, un pied dans la tombe. Ce fut avec un bonheur tout religieux qu'il se sentit revivre dans cette tendre fleur que le ciel faisait croître sur le bord de sa tombe déjà presque ouverte, comme pour parler d'espérance aux cœurs qu'une triste séparation allait bientôt déchirer.

L'hiver épuisa le reste de ses forces sans le briser. La maladie ne le cloua point sur un lit de douleur, et chaque jour il descendait encore au salon, où il aimait à se trouver au milieu des siens. Mais, dans les premiers jours de mars 1869, sa famille remarqua une altération profonde dans ses traits, et comprit que la mort approchait. Son confesseur, consulté, crut urgent de lui donner les derniers secours de la religion. Il fut facile d'annoncer à ce bon vieillard que le moment de quitter la terre était venu pour lui. Il n'avait jamais obéi qu'à la volonté de Dieu, et il s'empressa d'y obéir encore quand elle se manifesta dans le conseil de son directeur. On éleva un petit autel au milieu du salon : le vieillard, un peu affaissé sur lui-même, était assis dans son fauteuil devant l'autel, entouré de sa famille affligée qui étouffait ses pleurs de peur que les signes d'une douleur profonde n'attristassent trop les dernières heures du mourant. Bientôt le ministre de la religion entra apportant le saint Viatique qu'il déposa sur l'autel. Alors Auguste de Dampierre, arraché par un élan de sa foi à l'abattement qui l'envahissait déjà tout entier, se redressa pour s'incliner devant son Rédempteur; et, quand le prêtre, après les prières ordinaires, lui présenta la sainte hostie, ce chrétien fervent, ramassant dans un dernier effort tous les restes de sa vigueur éteinte, se leva pour accomplir debout et dans une position respectueuse ses derniers devoirs religieux.

Après la communion, il reçut l'Extrême-Onction dans la plénitude de son intelligence, avec une foi vive et un courage résigné.

Replacé sur son lit, il vécut encore un jour, pendant lequel sa pensée ne s'entretint plus qu'avec Dieu. Quelques heures avant qu'il n'expirât, M. des Rotours, s'approchant de son lit, lui apprit que Lamartine venait de mourir : « La France, répondit Auguste de Dampierre, vient de perdre un bien grand poète ; Dieu veuille qu'il soit mort en chrétien, car c'est là la grande affaire de la vie. » Et il se remit à prier. Il continua de s'éteindre sans secousse ; et l'on peut dire de lui ce que son ami Chênedollé a dit du vieux laboureur mourant :

Il vieillit dans la paix ; et, quand son Dieu l'ordonne,
Tombe comme un fruit mûr dans un beau jour d'automne.

Auguste de Dampierre s'endormit doucement dans le Seigneur, le soir du samedi 6 mars 1869. L'inhumation fut ajournée, conformément aux désirs du défunt. Auguste de Dampierre n'avait jamais craint la mort, mais il avait toujours redouté d'être enterré en léthargie, et il avait fait prendre à sa famille l'engagement de ne le faire inhumer que lorsque paraîtraient sur son corps des signes certains de décomposition. Ce sentiment n'était point chez lui l'effet d'un attachement invincible à la vie, mais une crainte uniquement inspirée par sa foi. « La vie présente, disait-il parfois à ses enfants, est pour moi de peu de prix : je ne tiens qu'à la vie éternelle. Comme j'ai toujours été chrétien, j'espère que Dieu me fera miséricorde et qu'à ma dernière heure mon âme sera en grâce avec lui. Mais si j'allais me sentir porté dans la tombe en léthargie, je craindrais de ne pouvoir dominer la nature au milieu des horreurs de cette dernière lutte, et de vous maudir dans un élan de colère et de désespoir ; et si la haine était dans mon âme à mon dernier soupir, je pourrais me perdre éternellement. » Ses désirs ont été scrupuleusement suivis. Le vendredi 12 mars, six jours après la mort, le corps fut enseveli et déposé dans le cercueil.

La nouvelle de la mort d'Auguste de Dampierre s'était vite répandue dans les communes voisines, et de toutes parts affluèrent à Bray, le jour de l'enterrement, tous ceux qui avaient connu le vieillard, riches ou pauvres; tous voulaient rendre hommage à ses vertus en assistant à ses obsèques. La population de Bray, dans l'affliction la plus profonde, suivit tout entière le cercueil de celui qu'elle appelait son père. M. Léon des Rotours conduisait le deuil, et il put, même au milieu de sa douleur, entendre les regrets naïfs et sincères qui s'échappaient avec les pleurs de ces cœurs francs, où la reconnaissance ne parlait que le langage de la vérité : « Un homme aussi bienfaisant ne devrait jamais mourir ! » Éloge sublime dans sa simplicité, et qui dépasse de beaucoup tout ce que pourrait tenter la parole d'un éloquent panégyriste.

Après la messe, célébrée dans l'église de Fierville par M. l'abbé Lepelletier, doyen de Saint-Silvin et confesseur du défunt, le cortége funèbre reprit la route de Bray pour conduire le corps à sa dernière demeure. Aujourd'hui, dans un des angles du petit cimetière de cette commune, on voit sur deux rangs tous les tombeaux de la famille de Dampierre. Sur le premier rang, quatre petites colonnes, dont trois sont en marbre. La première colonne, près du mur, s'élève sur la tombe d'Auguste de Dampierre ; près de lui, sur la seconde colonne, on lit le nom de Mme de Dampierre, née de Brossard. A quarante ans de distance, la mort a ainsi réuni ceux qu'elle avait séparés. La troisième colonne porte le nom de Mlle Maria de Dampierre ; la quatrième, celui de Mlle du Hantier. Derrière ce premier rang, les tombeaux de M. Gabriel de Dampierre et de Mme de Dampierre, née de La Maugerie, séparés par la petite tombe de Gustave Conrad de Dampierre. C'est là que repose toute cette famille vertueuse,

> Sous l'if religieux
> Qui protége la tombe où dorment les aïeux (1).

(1) Chênedollé, *Génie de l'homme*.

IX.

Gaudete et exultate, quoniam merces vestra copiosa est in cœlis.

MATTH., V. 12.

Et maintenant, ceux qui ont connu Auguste de Dampierre, ceux qui l'ont aimé, doivent-ils pleurer sa mort ? Accordons un moment à la nature le tribut de douleur qu'elle réclame : la douleur est le témoignage de l'amour, un hommage attendri rendu à la vertu. Mais il faut savoir s'arracher à un regret stérile. *Sursum corda !* Élevons nos cœurs. Auguste de Dampierre n'est pas descendu toût entier dans la tombe. Ce que nous avons aimé de lui, ce que nous avons admiré en lui vit encore et vivra toujours. Il nous a laissé de lui-même une image impérissable : ses exemples et ses vertus ; et c'est en les imitant que nous honorerons le mieux sa mémoire. D'ailleurs, la mort n'a-t-elle pas été pour lui, comme pour tout vrai chrétien, l'instant de la délivrance et l'heure du triomphe ?

Il est heureux maintenant, car il fut *pauvre d'esprit* et *pur de cœur*, selon la pensée de Jésus-Christ. Il n'eut point une confiance orgueilleuse dans la hauteur de son intelligence et sut s'incliner devant la simplicité des dogmes évangéliques ; il professa le détachement des biens de la terre, et ne s'enrichit point des sueurs du malheureux ; il dédaigna les honneurs et les luttes de l'ambition ; il ferma son cœur aux fausses et dangereuses joies du monde ; le souffle du vice ne flétrit pas son âme, et son regard se porta toujours vers le royaume de la promesse. Il est heureux, car il fut *doux*, *pacifique* et *miséricordieux*. Il eut cette modestie qui attire les cœurs, cette bonté qui les charme ; il connut le secret d'apaiser les colères, de concilier les intérêts, de détruire les haines dans le pays, au milieu duquel il régna par l'élection du cœur ; sa charité fut sans bornes, et ses bienfaits allèrent toujours chercher ceux qui étaient dans le besoin, sans choix de sympathie, sans acception de caractères, comme la rosée du ciel tombe également sur le champ du bon et du mauvais serviteur. Il est heureux, car il *pleura* sur la terre ; il *eut faim et soif de la justice* et *souffrit pour elle.* Sa vie fut un long enchaînement de douleurs ; mais il les supporta avec cette patience chrétienne qui bénit l'épreuve et trouve dans la souffrance un élément de perfection. Si parfois il plia sous le faix et cria vers le ciel avec Job : « Pourquoi la lumière a-t-elle été donnée aux malheureux et la vie à ceux qui respirent dans l'amertume ? » Comme Job, il pleura bientôt sa faiblesse et se courba humblement sous la main qui pesait sur lui. Par ses discours et par ses exemples, il servit la cause de la foi, et tout jeune enfant encore, il souffrit pour elle. Il ne voulut jamais que la volonté de Dieu, dont il appelait de tous ses vœux le règne sur la terre par l'extension de la charité chrétienne. Oui, il est heureux ; car il prit pour gage anticipé de son bonheur la parole de Jésus sur la montagne ; et celui qui fonde son bonheur sur la parole de Dieu l'établit sur une base éternelle.

Que sa fille, que son gendre se consolent donc ; que ses petits enfants cessent de le pleurer. Rachel ne veut pas être consolée, parce que ses fils ne sont plus ; mais la douleur chrétienne est plus grande et plus belle : loin de se courber vers la terre, elle se retourne vers le ciel, et, appuyée sur l'espérance, elle sait que la tombe qui s'ouvre pour enfermer ceux que nous avons aimés est pleine d'immortalité.

FIN.

TABLE GÉNÉALOGIQUE DE LA FAMILLE MACQWIR OU MARQUIER, DE 1429 A 1869.

MACQWIR LE GRAND, seigneur de Fermanagh (Irlande, comté d'Ulster), 1429.

Zachariah I MACQWIR,
William I MACQWIR,
Bryan MACQWIR,
William II MACQWIR,
Zachariah II MACQWIR,
François MACQWIR,
Nicolas MACQWIR ou MARQUIER,
Étienne MARQUIER.

Pierre MARQUIER (1656), seigneur de La Bretonnière, auteur des MARQUIER DE CRUX, branche aînée, et de MARQUIER DE DAMPIERRE, rameau puîné.

René-Étienne-Nicolas MARQUIER DE CRUX, Jean-Baptiste-Daniel MARQUIER DE CRUX, Louis-Marie-Honoré MARQUIER DE CRUX.	Pierre-Hervé MARQUIER DE VILLONS, Gabriel-Pierre MARQUIER DE DAMPIERRE, Louis-Auguste MARQUIER DE DAMPIERRE,

Adolphe-Armand MARQUIER DE CRUX : 1° Marie-Anne-Louise DE CRUX,	Alfred-Charles MARQUIER DE CRUX, Fernand-Louis MARQUIER DE	Louise-Françoise-Alix MARQUIER DE DAMPIERRE.

NOTES.

A.

FAMILLE LE FORESTIER.

« Les documents les plus irrécusables attestent que, dès le XIIe siècle, la famille Le Forestier était puissante et considérée (1). » Dans l'espace d'un demi-siècle, cette famille a donné à la ville de Caen trois maires très-distingués et très-vertueux :

1° Jacques-Alexandre Le Forestier, comte de Vendeuvre, 1781-1791 ;

2° Augustin Le Forestier, comte de Vendeuvre, fils du précédent, 1816-1824 ;

3° Louis Le Forestier, comte d'Osseville, 1824-1830.

Héritier des mérites et des vertus de ses deux prédécesseurs, M. Louis d'Osseville a mérité d'être appelé « le meilleur des hommes (2). »

Sa nièce, Henriette Le Forestier d'Osseville, en religion sœur Sainte-Marie, a fondé à La Délivrande, en 1831, le monastère de Notre-Dame-de-la-Charité-des-Orphelines-de-Marie, plus tard la Vierge-Fidèle. Dans cette circon-

(1) *Nobiliaire de Norm.*, par M. de Magny.

(2) V. l'*Ann. de l'Ass. norm.*, 1859.

stance, M. de Dampierre s'empressa d'offrir à la Révérende Mère Sainte-Marie une grande quantité d'arbres et d'arbustes pour le jardin du nouveau monastère.

B.

FAMILLE DE BROSSARD.

Aimée-Marie-Anne de Brossard, épouse de M. Louis-Auguste Marquier de Dampierre, était fille de François Constantin, comte de Brossard, et de Marie-Perrine-Étiennette d'Auvilliers.

François de Brossard fut, vers 1770, premier écuyer commandant les écuries et vénerie de Son Altesse Sérénissime Monseigneur le duc d'Orléans. Il descendait, en ligne directe et par la branche aînée, de Gauthier de Brossard, né en 1349, et qualifié *miles* (chevalier). En 1416, dans la guerre de Cent-Ans, Gauthier fit entrer un convoi dans Montargis, assiégé par les Anglais. Il fut promu au grade d'officier général et devint gouverneur de La Fère (1).

Les de Brossard ont fourni de nombreux officiers à l'armée. François de Brossard, fils de Gauthier, fut officier sous Louis XI.

Au XVIe siècle, Gilles de Brossard se distingua dans les guerres contre Montgommery. Pierre de Brossard fut tué à Rocroy en commandant les *Enfants-Perdus*. Constantin de Brossard périt aux lignes d'Arras ; deux autres trouvèrent la mort à St-Omer et en Flandre. David de Brossard fut maréchal des camps et armées du roi. La maison de Brossard a pris plusieurs de ses alliances dans des familles considérables de la Normandie.

(1) De La Roque, *Hist. des familles nobles de Normandie* ; — La Chesnaye des Bois, t. XIII.

C.

FAMILLE MACQWIR OU MARQUIER.

La notice que nous publions était imprimée, lorsque de nouvelles recherches nous ont enfin permis de fixer l'orthographe primitive du nom et de dresser une table généalogique où la filiation de la famille Macqwir, plus tard Marquier, se trouve historiquement établie à partir de l'année 1429. Comme les documents que nous avons réunis ne se trouvent dans aucun ouvrage publié en France, vu l'origine irlandaise des Macqwir, nous avons cru, pour assurer leur conservation, devoir les consigner dans une note spéciale.

Ces renseignements, que nous devons, pour la plus grande partie, à l'obligeance de M. le marquis Adolphe-Armand Marquier de Crux, avaient été donnés à feu monsieur son père, Louis-Marie-Honoré Marquier de Crux, chevalier de la Légion-d'Honneur, par MM. Genet, premier commis des affaires étrangères; Wilfrid, attaché aux archives de la Tour de Londres; Georges-Corry et Arthur Macqwir, tous deux anglais et de la famille des Macqwir. Lorsque feu M. le marquis de Crux fit faire ces recherches à la Tour de Londres, il lui fut dit que plusieurs registres concernant la famille Macqwir avaient été brûlés lors des guerres de religion.

Les Macqwir sont d'origine irlandaise; leur propriété de famille était Tempo, dans le comté de Fermanagh (Ulster). L'église de Tempo contient un grand nombre de leurs tombeaux, ainsi que celle de Limerick. D'après un *Recueil généalogique sur les maisons nobles d'Irlande* et un manuscrit de l'Université de Dublin, intitulé : *Noblesse irlan-*

daise, ouvrages d'une grande authenticité, qui ont été composés par un roi d'armes sous Charles Ier, Macqwir de Fermanagh fut fait seigneur en 1429, et surnommé Macqwir le Grand, à cause de ses exploits militaires.

La famille Macqwir fut mise en possession du titre de lord en 1441. Le premier lord de ce nom fut :

Zachariah I Macqwir, qui mourut à l'âge de 91 ans, après avoir porté ce titre pendant 50 ans.

En 1468, on trouve William Ier Macqwir, seigneur de Fermanagh, qui eut trois fils : Bryan, tué dans les guerres civiles d'Irlande en 1528, Robert et Hugh.

Bryan Macqwir eut deux fils : William II et Hugh II. De William II naquirent Zachariah II et Robert II.

Zachariah II fut un des principaux chefs qui combattirent pour la défense du catholicisme en Irlande. Forcé de s'expatrier, après la victoire des armées anglaises, il vint s'établir en France, vers 1558, avec sa femme Élisabeth, fille de lord Tyrone, et avec un fils nommé François. Robert II, son frère, appelé aussi quelquefois William, eut un fils qui commanda les armées sous Charles Ier, et qui, fait lord en 1641, fut tué dans une bataille contre Olivier, sans laisser de postérité (1).

François Macqwir se maria en France, vers 1590, à demoiselle René du Poncet.

Nicolas Macqwir ou Marquier, son fils, seigneur de Fourneaux, épousa, le 27 septembre 1613, Jeanne Philippe, fille d'Abraham Philippe, seigneur de Vanheroult. C'est celui qui paraît avoir donné à son nom la forme française de Marquier. De cette union naquit, en 1624 :

Étienne Marquier, sieur de La Bretonnière, qui devint doyen des conseillers du roi au bailliage et siége présidial

(1) On trouve, dans un *Mémorial* des familles illustres anglaises, un William Macqwir tué au siége de Limerick, qu'il défendait avec un Mac-Mahon, en 1651.

de Caen. On le trouve, vers 1650, marié à demoiselle Margueritte Morel, fille de Jacques Morel, seigneur de Manneville et domicilié à Caen, dans la paroisse St-Étienne-le-Vieux. En 1651, le 21 décembre, il perdit une fille, encore enfant, dont le corps fut inhumé dans l'église St-Étienne-le-Vieux. En 1656, il lui naquit un fils, qui fut baptisé dans ladite paroisse et nommé Pierre par Pierre Morel, écuyer, sieur de Formentin, assisté de demoiselle Catherine Morel. Étienne Marquier mourut, le dimanche 26 juillet 1711, à l'âge de 87 ans, et le lendemain, son corps fut inhumé dans l'église de St-Étienne, en présence de Jean-Claude de Croisilles, écuyer, conseiller du roi, Président du bailliage et siége présidial de Caen, et de Pierre Marquier, son fils.

Pierre Marquier, écuyer, sieur de La Bretonnière, conseiller du roi au Bureau des finances et Chambre des domaines, épousa, le lundi 2 décembre 1697, demoiselle Jeanne-Henriette de Montreuil, fille de Messire René de Montreuil, seigneur de La Chaux, et de noble dame Lézine de Saint-Denis, de la paroisse de Neuilly-en-Vandin, diocèse du Mans, âgée d'environ 20 ans. Le mariage fut célébré à Caen, dans l'église St-Étienne-le-Vieux, par M. du Quesney, prêtre, conseiller du roi et assesseur en la vicomté de Caen (2).

En 1698, Pierre Marquier, trésorier de France, acheta de Louis Gosselin, seigneur de Noyers, un fief sis à Villons, près Caen, d'où il prit le nom de M. de Villons. Le 10 janvier 1704, Odet de Clinchamps, seigneur et patron d'Anisy, et possesseur, depuis 1703, du fief de Villons, cède audit Pierre Marquier « une petite pièce de terre, sise à Villons, jouxtant de tous côtés l'acquéreur. » Enfin, le 2 mars 1716, Odet vend au même son fief de Villons. A une époque

(1) Archives communales de Caen, registres de l'état civil.

dont nous ne pouvons assigner la date, Pierre Marquier, sieur de Villons, achetait pareillement les fiefs de La Huberdière et de Crux, près Coutances.

Pierre Marquier, sieur de La Bretonnière, devenu plus tard seigneur de Villons et de Crux, est l'auteur de la branche des Marquier de Crux, branche aînée, et des Marquier de Dampierre, qui formèrent le rameau puîné, par ses deux fils René-Étienne-Nicolas et Pierre-Hervé. Il mourut, le samedi 23 mars 1720, à l'âge de 64 ans, et fut inhumé, le lendemain, dans l'église St-Étienne-le-Vieux, en présence d'Urbain Dauchin, écuyer, trésorier de France, au Bureau des finances, et de son fils René, écuyer, sieur de Crux, qui signèrent l'acte de décès.

Pierre-Hervé Marquier, second fils du précédent, naquit à St-Étienne-le-Vieux, le 17 avril 1701. Il eut pour parrain Pierre Morel, écuyer, sieur de Formentin, Président honoraire au Bureau des finances de Caen, assisté de dame Marie-Anne de Marquetel, veuve de M. de Mondeville. Vers 1725, il épousa noble demoiselle Anne-Élisabeth Hue de Montaigu. De cette union naquit, le 5 août 1726, Gabriel-Pierre. A cette date, Pierre-Hervé Marquier n'était encore qualifié que « gendarme de la garde du roy », le titre de trésorier de France étant alors possédé par son frère aîné, qui l'avait acheté de sa mère, en 1723 (1).

Dix-neuf ans plus tard, suivant acte du 5 mai 1745, passé devant Michel Bourgaise, notaire pour le siége de

(1) Par acte de 1723, la dame de Montreuil, veuve de M. de Villons, cédait à son fils, René, la charge de trésorier de France. De son mariage avec noble demoiselle Élisabeth-Danièle Piédoüe de Charsigné, célébré à St-Jean de Caen, le 12 avril 1725, M. René de Crux eut trois filles et un fils. La plus jeune de ses filles, Gabrielle-Isidore, née le 5 juillet 1733, eut pour parrain Messire Michel-Gabriel Piédoüe de Charsigné, prêtre, docteur de Sorbonne, abbé de Fontenay, près Caen.

Bény, sergenterie de Bernières, Hervé était en possession du titre de trésorier général de France au Bureau des finances de Caen, titre que lui avait vendu son frère René, « demeurant ordinairement, dit l'acte, en sa terre de Villons. » On voit par cet acte, conservé dans les archives de la famille de Dampierre, que des difficultés s'étant élevées entre les deux frères, relativement à l'achat des fiefs de Crux et de La Huberdière que le puîné, Hervé, prétendait avoir été fait des deniers de sa mère, le différend finit par une transaction. Il fut convenu que, moyennant 30,717 livres, Pierre-Hervé abandonnerait à son frère les fiefs de Crux et de La Huberdière. Il paraîtrait, d'après une mention, que le père commun, avant d'acheter le fief de Crux, était propriétaire de la terre portant le nom de Crux.

Anne-Élisabeth Hue de Montaigu, « épouse de Messire Pierre-Hervé Marquier, seigneur de Villons, Président trésorier de France au Bureau des finances de la généralité de Caen », mourut à St-Martin de Caen, résidence des deux époux, le premier fevrier 1748, à l'âge de 40 ans (1). Son corps fut inhumé dans la chapelle de la Vierge de l'église paroissiale, en présence de Messire Jean-Baptiste-Mare de Lignerolles, trésorier de France, et de Messire Jacques-Charles Tardif, prêtre, aussi trésorier de France, dont les signatures se trouvent au bas de l'acte de décès, à côté de celle de Jacques Bridel, prêtre, docteur en théologie et curé de la paroisse St-Martin.

En 1756, Pierre-Hervé acheta la seigneurie de Bray-la-Campagne. Il mourut, dans sa maison de St-Martin de Caen, le mardi, 1er novembre 1774, à l'âge de 74 ans, et fut inhumé dans l'aile de l'église, par Me Nicolle, curé de St-Martin, en présence de Pierre Apvrille, de la paroisse

(1) Sur l'acte de naissance de Gabriel-Pierre Marquier, au lieu du prénom Anne, se trouve celui de *Françoise* de Montaigu.

d'Anisy, et de Louis-Thomas Le Dru, de la paroisse de Bray-la-Campagne, « tous deux fermiers dudit sieur défunt (1). »

Gabriel-Pierre Marquier, son fils, né à Anisy le 5 août 1726, baptisé le 7 du même mois dans l'église de cette paroisse, et marié vers 1778 à Marie-Anne-Catherine Mauger de La Maugerie, est le père de M. Louis-Auguste Marquier de Dampierre, auquel nous avons consacré la présente notice.

D.

FAMILLE DES ROTOURS.

« La maison des Rotours, par son ancienneté, ses services et ses alliances, a toujours occupé un rang distingué dans la noblesse normande. Le premier personnage de cette famille, connu d'une manière certaine, est Guillaume des Rotours, qui prit part à la troisième croisade, et dont le nom est cité dans une charte, datée du camp de St-Jean d'Acre, en juin 1191. D'autres titres authentiques, presque contemporains, viennent confirmer cette haute antiquité de race. »

Voici le texte latin de la charte mentionnée par M. de Caumont :

« Universis presentes litteras inspecturis Henricus de Hanevilla, Villelmus de Rostors, Hugo de Malavilla, et Jordanus de Inferneto, milites, salutem. Notum fecimus nos mutuo recepisse ab Andreolo Conte et ejus sociis, pisanis civibus, centum marchas argenti, de quibus ex nunc in annum per nos reddendis karissimus dominus noster Ricardus, illuster rex Anglie litteras suas garandie tradidit. Nos autem concessimus quod si a dicta solutione defficeremus dictus dominus rex ad defectum solutionis persolvendum per capturam terre nostre nos compelli faciat. In cujus rei testimonium

(1) Il avait dû vendre sa charge de Président trésorier de France, car l'acte de décès le qualifie « *ancien* Président trésorier de France. »

presentes litteras tradidimus sigillo mei H. de Hanevilla, supra dicti munimine roboratas.

Actum in castris justa Accon, anno Domini M° C° nonagesimo primo, mense junio. »

Le nom et les armes de Guillaume des Rotours figurent, dans la salle des Croisades, au musée de Versailles.

ARMES : d'azur, à trois besants d'argent. L'écu timbré d'un casque de chevalier, orné de lambrequins, et sommé d'une couronne de baron. — SUPPORTS : deux lions. (*Nobiliaire universel,* t. IV.)

Ne voulant pas séparer dans la pensée de ceux qui les ont connus la mémoire des frères Jules et Gabriel des Rotours de celle de leur vertueux ami, A. de Dampierre, nous insérons ici l'intéressante notice de M. Sauvage, sur M. Jules des Rotours de Chaulieu, et celle que M. de Caumont a consacrée à M. Gabriel des Rotours.

I.

NOTICE SUR M. JULES DES ROTOURS DE CHAULIEU.

M. Louis-Jules-Auguste des Rotours, baron de Chaulieu, naquit le 4 avril 1781, au château de Chaulieu, bâti sur le territoire de St-Martin de Chaulieu, l'une des communes du canton de Sourdeval-de-La-Barre. Issu d'une maison d'ancienne chevalerie, qui s'était illustrée dans les armes et les conseils de la province, et qui comptait pour l'un de ses chefs un des guerriers de la troisième croisade, son père, chevau-léger de la garde du roi Louis XVI, fut procureur-syndic de la noblesse et du clergé, près le bureau intermédiaire du bailliage de Vire, et l'un des rédacteurs des cahiers de l'assemblée provinciale de la Basse-Normandie, tenue à Caen en 1788.

C'est sous les yeux de ce père que fut élevé le jeune de Chaulieu, privé de sa mère qui mourut en donnant le jour à un second fils. Bientôt les deux orphelins furent confiés par lui aux soins d'un ecclésiastique distingué, M. l'abbé Renaud, mort en 1835, à Fougères, où il vivait comme prêtre habitué, après avoir exercé pendant bien des années les fonctions de médecin des hospices de cette ville, et de médecin des épidémies de l'arrondissement communal dont elle est le chef-lieu.

Sa naissance assurait à M. de Chaulieu un rang et des honneurs ; la nature l'avait doué d'une âme vaste, l'éducation orna son intelligence. Son extérieur révélait son caractère : sa taille était élevée, ses formes élégantes, son visage plein d'aménité et de franchise ; sa physionomie était réfléchie, sa parole facile et même empreinte d'une certaine hardiesse. L'éducation qu'il reçut fut surtout éminemment religieuse. Elle développa les qualités qui l'ont distingué pendant sa vie entière, publique ou privée.

Cependant, la tourmente révolutionnaire était venue séparer l'abbé Renaud de son élève. Celui-ci fut alors envoyé à Louviers, dans un pensionnat, jusqu'à la fin de ses études. Il les termina à quinze ans, et revint aussitôt à Caen recueillir le dernier soupir de son père.

Peu après, au moment où il allait atteindre sa dix-huitième année, M. de Frotté, commandant en chef de l'armée royaliste en Basse-Normandie, fait entendre un dernier appel aux armes. M. de Chaulieu, avec quelques amis se décide à y répondre. Une nuit entière le retient dans un bal brillant, au milieu de la société viroise, et, à la sortie de cette fête, de grand matin, il gagne le camp.

Élevé au grade de capitaine, il commande la première compagnie de la division Monceaux ; mais sa carrière militaire est interrompue par une blessure qu'il reçoit dans une attaque simulée contre la ville de Vire. M. de Frotté avait voulu ainsi masquer un mouvement plus important de son corps d'armée.

M. de Chaulieu avait eu un bras cassé par un coup de feu. Les soins que réclamait son état ne pouvaient lui être donnés à la campagne ; il fut donc transporté de nuit dans la ville même. Il y resta caché jusqu'à la promulgation du traité de pacification, qui mettait un terme à nos guerres intestines ; sa convalescence n'était pas encore terminée.

Une union avec la famille du Buisson de Courson, qu'il avait appréciée dans ces circonstances, vint tout à coup changer sa position. Désormais, il ne voulut vivre que de la vie de famille, et fut assez heureux pour voir son frère choisir sa compagne dans cette même maison : double alliance qui resserra les liens étroits d'une affection qui ne faiblit jamais. Dans ces circonstances aussi, il s'occupa à rétablir la fortune que la révolution lui avait laissée. Il vint habiter Chaulieu, et s'y occupa de plantations et d'agriculture.

1811 le tira de cette douce tranquillité, pour l'appeler à faire partie du collége électoral de la Manche, et à commander les gardes d'honneur de l'arrondissement de Mortain.

Napoléon Ier, qui aimait à s'entourer des hommes de valeur de tous les partis, et qui savait les discerner, remarqua M. de Chaulieu dans ce dernier poste. Après une revue, il l'engagea à prendre du service militaire actif ; mais sa position de famille était pour lui une excuse bien légitime : d'ailleurs, son ancienne blessure ne le lui eût pas permis. Il préféra donc la vie civile, et demanda à entrer au Conseil d'État.

Quelques semaines après, le 7 mai 1812, il y était nommé en qualité d'auditeur ; dans le mois suivant, l'Empereur lui restituait son titre de baron., qui avait été octroyé à son père par lettres-patentes du Louis XVI, du mois de juin 1785, enregistrées au parlement de Rouen, le 17 novembre 1786 ; enfin, il se voyait attaché, en Allemagne, auprès du comte Daru.

Là recommence la vie publique du baron de Chaulieu.

Il rejoignit la grande armée quelques jours après l'affaire de Bautzen. Détaché d'abord dans le pays de Brême, il y fit expédier les levées nécessaires en approvisionnements de toute sorte, et particulièrement en chevaux. De retour au quartier-général, il assista ensuite aux batailles de Dresde, de Leipzig et de Hanau.

Les fatigues de cette campagne avaient épuisé sa constitution ; il rentra en France souffrant. Il se vit contraint de venir demander à la Normandie le repos absolu qui lui était ordonné. Il y était encore au moment du retour des Bourbons.

Cet événement, nous devons le dire, parce qu'en écrivant cette vie, nous tenons à honneur de faire un portrait vrai et non pas un portrait de fantaisie, le biographe devant avant tout montrer au pays l'homme tel qu'il a vécu, cet événement, nous le répétons, il l'accueillit avec empressement. Il avait combattu au début de sa carrière pour sa réalisation ; il avait versé son sang pour le succès de cette cause ; il fut heureux de son triomphe.

Néanmoins, on le traita sévèrement, en 1814, en lui refusant la croix de Saint-Louis, qui lui avait été promise après sa blessure, par son général, M. de Frotté. Mais ce fut en vain que, pendant les Cent-Jours, on l'engagea à reprendre son fauteuil au Conseil d'État ; le baron se tint à l'écart.

Nommé sous-préfet de Cherbourg, en 1815, il quitta cette ville pour la préfecture du Finistère.

C'était en 1820. Le baron de Chaulieu arrivait à Quimper avec la mission difficile d'arrêter les trames révolutionnaires qui, après avoir échoué dans Brest, grâce à une répression énergique, vinrent bientôt éclater à Saumur. Sa conduite lui valut les félicitations personnelles de Louis XVIII, avec la préfecture du département de la Loire pour récompense (1822).

Une question fort délicate intéressait, en ce moment.

au plus haut point, ce pays : la concession des mines de St-Étienne. A sa solution étaient attachés de nombreux intérêts. M. de Chaulieu sut d'abord gagner la confiance de ses administrés. Puis, par l'aménité de ses formes, par ce que l'autorité avait entre ses mains de paternel, il parvint, à l'aide de l'ascendant de son caractère, en conciliant les prétentions rivales des intéressés, à lever les obstacles qui, depuis 1810, s'étaient constamment opposés à la concession, et par suite à l'exploitation, dans l'intérêt de la contrée, des richesses houillères de la vallée de St-Étienne. Il est vrai que le premier ministre d'alors, M. de Villèle, en investissant en quelque sorte le Préfet de la Loire d'un pouvoir discrétionnaire, avait remis cette question à son entière appréciation. Il était ainsi plus facile d'arriver à un dénoûment. Mais c'était une mission toute de confiance, et tous les hommes n'en eussent pas été jugés dignes.

Sur les rapports du baron de Chaulieu, furent donc concédés les différents périmètres, dont la riche exploitation a contribué depuis au développement rapide de notre industrie nationale.

La ville de St-Étienne ressentit sur le champ les bienfaits de ces concessions. La prospérité régna au sein de ses nombreux et immenses établissements métallurgiques. Cette prospérité commerciale et surtout industrielle prit même des proportions telles que sa population qui, en 1814, était seulement de 14,000 âmes, s'éleva dans dix années jusqu'au chiffre de 29,000. Mais, ce qui est plus remarquable encore, c'est que ce fut sur la demande d'un ingénieur divisionnaire, M. Baunier, et sur la proposition du préfet, M. le baron de Chaulieu, que fut concédé, en 1826, et construit plus tard le premier chemin de fer de France. Cette voie unit St-Étienne au port de St-Just-sur-Loire.

Le département de la Loire renfermait deux intérêts

généraux bien distincts : l'industrie et l'agriculture. Les uns et les autres occupèrent également son activité et son zèle.

M. de Chaulieu engagea les principaux propriétaires du sol et les habitants de Montbrison à se constituer en société d'agriculture, persuadé que l'exemple et les encouragements donnés aux petits cultivateurs amèneraient d'excellents résultats. La Société fut organisée et le Préfet la présida souvent.

Pour elle, il publia même, sur l'*emploi de la chaux dans la culture des céréales*, un opuscule qui, réimprimé dans différents départements voisins, amena plus particulièrement une révolution dans l'agriculture du Puy-de-Dôme et de l'Isère. C'est le seul ouvrage en dehors de l'Administration qu'il ait livré à l'impression (1).

Montbrison dépend spirituellement de l'archevêché de Lyon. Le préfet de la Loire se trouva tout naturellement mis en rapport avec le chef du diocèse. L'un des premiers, il souscrivit à l'œuvre de la *Propagation de la Foi*, doux souvenir qui lui fut toujours précieux et qui l'occupait encore à ses derniers instants. Après sa retraite des affaires, il se rappelait avec non moins de plaisir qu'il avait pu protéger efficacement, dans son origine, la communauté des Petits-Frères de Notre-Dame-de-St-Chamond qui, légalement autorisée plus tard, compte maintenant cinq cents membres et assure le bénéfice d'une éducation religieuse à vingt mille enfants des campagnes et de la banlieue de St-Étienne.

Rien de ce qu'un fonctionnaire peut regarder comme une bonne fortune ne devait manquer au baron dans sa carrière administrative. La fille de Louis XVI, Mme la

(1) Nous avons lu de lui un discours remarquable par le style et par la pensée, qu'il prononça à Quimper, dans une distribution des prix, faite au collége.

duchesse d'Angoulême, étant venue passer quelques semaines à Vichy, il s'empressa d'aller lui porter ses hommages, en lui demandant d'honorer de sa visite le département de la Loire et ses différents travaux. Il fut assez heureux pour l'obtenir, et plus heureux encore quand il fut témoin des acclamations immenses qui accueillirent partout, sur son passage, cette princesse que l'exil devait voir mourir ! L'unanimité de ces démonstrations sympathiques lui fit croire que les partis avaient alors déposé leurs passions.

Lui, homme droit et sans arrière-pensée, ne pouvait croire que la France ne fût pas lassée des révolutions. Dans les lois du royaume, il voyait toutes les garanties possibles de paix; et sa confiance, il la faisait reposer sur la maison de Bourbon, qu'il regardait comme l'égide des droits et des libertés publiques, comme l'âme, en quelque sorte, de la nationalité française, pour laquelle cette famille représentait le principe d'autorité nécessaire à toute société.

Telle était sa profession de foi. Aussi vit-il avec un profond chagrin surgir la révolution de juillet. Mais fort de ses convictions, fort de son passé, plus fort encore de sa foi dans l'avenir, sans ambition personnelle, il s'éloigna des affaires. Le gouvernement nouveau eût été fier, sans nul doute, d'agréer le concours et l'expérience du baron de Chaulieu, l'administrateur d'une grande capacité, auquel ses longs et laborieux services avaient mérité la croix d'officier de la Légion-d'Honneur et le titre tout récent de maître des requêtes au Conseil d'État en service extraordinaire. Les honneurs ne lui eussent pas fait défaut. A son âge, — il n'avait pas cinquante ans, — il pouvait espérer encore fournir une longue carrière. Mais il dut et voulut rester fidèle à ses appréciations comme à ses affections, comprenant du reste que l'on peut avoir des sentiments autres ; car il professait qu'en politique il faut une juste et noble modération. Il eut le courage de quitter sans regrets Montbrison, où il laissait de nombreux amis, pour chercher une retraite au milieu des ombrages de la Normandie. Du moins, y apportait-il une conscience pure et forte, pour supporter quelques malheurs de famille qui allaient bientôt l'atteindre.

De retour au château de Chaulieu, le baron reprit ses habitudes d'autrefois. L'agriculture réclama tous ses soins. Il prit lui-même la direction d'une de ses fermes, ne quittant plus son habitation que pour quelques visites bien rares dans sa famille ou dans les villes voisines. Pourtant, une fois, M. de Chaulieu entreprit un voyage d'outre-mer. C'était en 1842. Son devoir, croyait-il, l'appelait à faire ce pèlerinage, saint à ses yeux, dont M. de Châteaubriand, dans la Vie du réformateur de la Trappe, l'abbé de Rancé, a donné le touchant récit, en des lignes que l'on croirait avoir été écrites à l'âge où il conçut *René* et *Les Martyrs*.

Élu, vers la même époque, président de la Société d'agriculture de l'arrondissement de Mortain, ce titre fut pour lui un motif de plus pour aider de ses conseils les habitants qui s'adressèrent souvent à lui et réclamèrent même parfois son arbitrage. Il se rendait aux réunions de cette Société avec exactitude. Il continua plus tard de le faire, autant que sa santé pouvait le lui permettre, aimant toujours à s'occuper, avec ses collègues, de tout ce qu'il croyait utile aux intérêts pratiques de la contrée.

Ces modestes fonctions suffisaient à son âge; cependant, malgré l'affaiblissement de ses forces, il ne crut pas moins devoir, après février 1848, accéder aux désirs des habitants de St-Martin de Chaulieu, en acceptant le titre plus modeste encore de maire de cette commune. Il les résigna un peu plus tard. M. de Chaulieu venait d'accomplir sa 72e année; sa constitution commençait à s'ébranler. Des symptômes alarmants se manifestèrent dans les premiers jours de l'année 1852. Sa famille vit avec effroi ces signes avant-coureurs de sa fin prochaine, et lui-même sut les discerner. La mort ne le surprit donc pas : elle le trouva prêt, comme il l'avait toujours été. Il avait cessé de vivre le 7 juillet.

Tel fut le baron de Chaulieu, qu'il ne nous a été permis de voir que de loin, mais dont l'éloge est dans toutes les bouches, et dont la vie connue de tous renferme tant d'enseignements pour ses concitoyens. Si M. de Chaulieu avait été appelé à remplir de hautes fonctions, il les avait honorées plutôt qu'il n'avait été honoré par elles. Homme de bien entre tous, partout et toujours sa piété si vraie, sa charité si vive, sa foi si ardente, avaient brillé d'un éclat que la simplicité de ses mœurs ne parvenait point à voiler.

Enfin, pour achever ce tableau, retraçons ici une scène d'intérieur ; redisons quelques-unes des dernières paroles que prononça le baron de Chaulieu, dans ses adieux à sa famille, en parlant à son frère : « Mon frère ! voilà soixante-« dix ans passés que nous sommes ensemble ici-bas ; il « n'y a jamais eu un nuage entre nous, et nous pourrons « nous rendre la justice de dire que nous aurons été sur « la terre deux modèles de frères ! »

Ils avaient été mieux que des modèles de frères, ils avaient été des types comme fonctionnaires publics.

(*Ann. de l'Association norm.*, année 1856.)

Nous ajouterons à l'intéressante notice publiée par M. Sauvage, quelques détails intimes que nous communique M. le curé de Cormelles :

« Au moment où nous quittions le grand séminaire de Bayeux, il y a dix-huit ans, pour aller à Bray-la-Campagne faire l'éducation de M. Georges des Rotours, un de nos dignes supérieurs nous dit ces paroles, que nous avons retenues à peu près textuellement : « Dans cette famille où vous allez, mon cher abbé, vous rencontrerez, sans doute, parfois M. Jules de Chaulieu ; c'est une âme d'élite, un chrétien des anciens temps. Malgré son âge avancé et la grande distance où son château se trouve de l'église, il continue d'aller tous les jours assister à la sainte messe. » Et il ajoutait : « c'est un saint ! »

Tous les jours, en effet, été et hiver, M. le baron de Chaulieu se rendait à pied à l'église St-Martin, assistait à la messe et faisait, plusieurs fois la semaine, la sainte communion. Par un article de son testament, il a établi à perpétuité, en faveur de l'église de sa paroisse, une fondation pour l'entretien d'une lampe devant le Saint-Sacrement. Ce pieux sentiment nous dit la source où il avait puisé l'amour si ardent que toujours il a eu pour Dieu et la sainte Église. Sur la fin de sa vie, il consacrait, chaque jour, plusieurs heures à la prière, à la méditation et à de pieuses lectures. Il éprouvait un attrait tout particulier pour le livre de l'*Imitation de Jésus-Christ*, et, comme son ami de Bray-la-Campagne, il en lisait tous les jours un chapitre. Sa dévotion n'avait cependant rien d'ascétique, et rappelait l'aimable simplicité, l'enjouement de saint François de Sales. Il était bon pour les pauvres, affable et complaisant pour tous. Aussi, les habitants de St-Martin de Chaulieu lui étaient dévoués et avaient pour lui la plus profonde vénération. Ils l'avaient établi, en quelque sorte, leur juge ; c'était devant lui qu'ils portaient leurs différends, et presque toujours sa décision avait force de loi. M. de Dampierre remplissait aussi à Bray le même ministère de conciliation et de paix. Du reste, il y avait, dit-on, entre les deux amis une ressemblance frappante : même bonté, mêmes goûts, même simplicité dans les manières. Ils se sentaient portés l'un vers l'autre et s'aimaient comme deux frères.

Le trait suivant montre bien le respect et l'attachement dont M. Jules des Rotours était entouré par ses compatriotes. En 1848, pendant les journées de juin, une panique extraordinaire se répandit tout à coup à St-Martin. De tous côtés arrivait la nouvelle qu'une bande d'insurgés marchait sur le château de M. le baron de Chaulieu pour le saccager. Aussitôt toute la population de St-Martin se soulève : hommes, femmes, enfants, vieillards se rendent en masse au château pour défendre « l'excellent M. Jules » ou mourir avec lui. Au milieu de tout ce tumulte d'hommes armés, de femmes chargées de linge et d'effets, un beau et grand vieillard à cheveux blancs parcourait la foule. C'était M. Jules de Chaulieu qui, calme et souriant, s'efforçait de rassurer ces braves gens effrayés. Bientôt, on entend un bruit de tambours battant le pas accéléré : c'était la garde nationale de Sourdeval, grossie d'un certain nombre de gardes nationaux de Mortain. Informée du danger que courait M. le baron de Chaulieu, elle s'était aussitôt réunie et mise en marche, toute prête à le défendre. Les insurgés ne parurent pas ; cette alerte servit, du moins, à montrer d'une manière éclatante l'attrait et la puissance que la bonté unie à la vertu peut exercer sur le peuple.

M. de Chaulieu vécut encore quatre ans. Quand il sentit qu'il allait mourir, il voulut recevoir les derniers sacrements en pleine connaissance. Il fit ensuite approcher ses deux fils, MM. Raoul et Hugues de Chaulieu, leur donna sa bénédiction ; puis, leur recommandant la simplicité chrétienne, il ajouta ces paroles qui réflétaient bien la bonté de son cœur : « Mes chers enfants, rien n'est beau, rien n'est grand dans le monde autant que la simplicité que nous prêche l'Évangile ; aimez donc toujours cette belle simplicité, c'est la dernière recommandation que je vous fais au moment de vous quitter. » La simplicité chrétienne, c'est bien le mot qui résume la belle vie du baron de Chaulieu. Sa dernière prière fut une invocation à la Très-Sainte Vierge. Il en avait prononcé le nom d'une voix affaiblie, mais pourtant encore accentuée.

Quelques instants après, il s'endormait du paisible sommeil des justes, et le *bon serviteur entrait dans la joie de son Seigneur !*

II.

NOTICE SUR M. GABRIEL DES ROTOURS.

M. des Rotours (Gabriel-François) naquit au château de Chaulieu, le 2 août 1782, du mariage de M. le baron de Chaulieu, veuf de Mme de Labbey, avec Mlle Marie-Louise-Félicité Fortin de Marceaux, et il fut baptisé, le même jour, dans l'église de St-Sauveur de Chaulieu.

Les agitations et les désordres révolutionnaires dérangèrent les plans qu'avait formés M. le baron de Chaulieu pour l'éducation de ses deux fils. Toutefois, et quoique contraint de fuir et de se dérober aux recherches et aux persécutions dont il était l'objet, il ne négligea rien et fit de très-grands sacrifices pour leur procurer, dans ces temps difficiles, une éducation convenable à leur naissance et l'instruction qu'il considérait, à juste titre, comme le bien le plus précieux qu'il soit possible de laisser à ses enfants.

M. des Rotours n'avait pas encore 14 ans lorsqu'il eut le malheur de perdre son père, décédé à Caen le 9 juin 1796 (21 prairial an V) Le cours de ses études fut interrompu par ce funeste événement. Mais, ayant eu le bonheur de se marier, le 17 août 1801 (28 thermidor an IX), avec Mlle Joséphine du Buisson de Courson, et quoique ne comptant à peine que 19 ans, il sentit tout à la fois le besoin de se créer des occupations analogues à son nouvel état, et de réparer, par le travail, le tort qu'avait fait à son éducation un intervalle de cinq années livrées à la dissipation.

A dater de son mariage, M. des Rotours s'appliqua avec

une ardeur et une persévérance bien rares, surtout à son âge, à acquérir une connaissance exacte des chefs-d'œuvre de la littérature latine et de la littérature française. Il se livra particulièrement à l'étude des philosophes et des grands écrivains du XVIIe siècle.

Descartes, Bayle, Mallebranche, Arnauld, Nicole, Pascal, etc., devinrent pour lui des sujets de travaux assidus, de sérieuses méditations. Il parvint à se rendre assez familières les doctrines ardues de ces divers auteurs, pour traduire, du latin en français, les *Méditations* de Descartes touchant les premières vérités ; pour analyser et discuter, dans une série de lettres, les systèmes philosophico-théologiques de Mallebranche et pour se rendre familières les doctrines des philosophes et des écrivains les plus célèbres de ce siècle si fécond en grands hommes.

M. des Rotours fut admis, en 1809, sous le nom de *de Chaulieu*, au nombre des membres de la Société de commerce et d'agriculture du département du Calvados. Il fut, vers le même temps, annexé à la Société d'Émulation de la ville de Vire, dont il fut l'un des membres les plus assidus et les plus laborieux pendant qu'elle continua d'exister. Cette Société comptait alors, parmi ses membres : M. Aug. Asselin, sous-préfet de l'arrondissement, M. de Chênedollé, M. Dubosq de La Roberdière, M. de La Renaudière, etc.

En 1811, M. des Rotours de Chaulieu fut l'un des dix souscripteurs, aux frais et par les soins desquels fut publiée une édition nouvelle des *Vaux-de-Vire*, d'Olivier Basselin, et il ne fut point étranger à la rédaction des notes qui accompagnent l'ouvrage.

M. des Rotours, que ses travaux littéraires et philosophiques n'avaient pas tenu totalement en dehors du mouvement des affaires publiques, fut nommé, par décret impérial du 11 juin 1810, président du canton de Bény-Bocage. L'assemblée électorale de ce canton le nomma membre du collége électoral du département du Calvados. On sait encore, mais bientôt on aura oublié que cette qualité était à vie, qu'elle conférait certaines capacités, et que ces électeurs ne pouvaient être choisis que sur la liste des 600 citoyens les plus imposés de chaque département.

L'année 1814 ayant vu tomber le gouvernement impérial, et le règne de Louis XVIII, avec la Charte constitutionnelle, succéder à la puissance de Napoléon, M. des Rotours composa et adressa à Mgr le chancelier d'Ambray un *Essai sur la noblesse et sur les moyens d'améliorer son sort*. Il y proposait une véritable organisation de l'art. 71 de la Charte, et s'attachait à fondre l'ancienne et la nouvelle noblesse, en unissant leurs intérêts et en complétant les dispositions des anciennes ordonnances et des décrets de 1808 et de 1809 sur les majorats.

Mgr le chancelier lui en accusa réception, par lettre du 1er août 1814.

Ce mémoire, modifié et augmenté, fut, depuis, envoyé par son auteur à M. le comte de Villèle, président du Conseil des ministres.

Des mesures avaient été prises pour la publication de cet écrit, en 1817 ; mais des considérations politiques en firent alors suspendre l'impression, et il est resté manuscrit dans les papiers de M. des Rotours.

M. des Rotours avait été appelé, par ordonnance royale du 26 septembre 1815, à faire partie du Conseil de préfecture du département de la Manche, dont M. le baron de Vanssay était préfet.

Portant dans ce corps son zèle pour le travail, son amour de l'étude et aussi l'habitude des affaires administratives, qu'il avait acquise par l'exercice de fonctions municipales pendant huit années, il s'y fit remarquer par divers travaux importants.

Ce fut lui qui fut chargé de la direction de l'opération,

si délicate et si compliquée, de la liquidation des dépenses de l'occupation militaire étrangère dans le département de la Manche, et qui formula le projet d'ordonnance pour l'acquittement de ces dépenses ; projet dont toutes les dispositions, notamment celle de la compensation admise en faveur des contribuables créanciers du département, furent adoptées par le Gouvernement.

Au mois d'octobre 1816, la présidence du collége électoral de l'arrondissement de Mortain fut confiée à M. des Rotours.

M. Laîné, ministre de l'intérieur, ayant, dans les premiers mois de l'année 1818, profité de la proposition faite à la Chambre des députés, par M. de Cotton, sur les *chemins vicinaux,* pour demander aux préfets de lui communiquer leurs observations sur la proposition de ce député et leurs vues sur la matière, M. des Rotours, qui à ce moment, comme de coutume, remplaçait M. le baron de Vanssay absent, composa et adressa à Son Excellence un véritable traité sur les chemins vicinaux, sur leur classement, sur les moyens de pourvoir sûrement à leur conservation, à leur construction et à leur entretien, et sur le meilleur mode à adopter pour la répression des contraventions et délits dont ces chemins sont l'objet.

Ce mémoire, dont les vues sont en grande partie réalisées aujourd'hui, qui renferme beaucoup de considérations dignes d'intérêt et où l'auteur a développé une connaissance approfondie de la matière, aurait mérité l'impression.

Il fut, au surplus, apprécié par le ministre et ne contribua pas peu à faire nommer M. des Rotours, chevalier de Chaulieu, sous-préfet de l'arrondissement de Dreux. Cette nomination eut lieu par ordonnance du 10 juin 1818. M. des Rotours a rempli les fonctions de sous-préfet de cet arrondissement jusqu'au 9 septembre 1830.

Pendant ces douze années, M des Rotours eut bien

des fois l'honneur de se trouver en rapport avec les divers membres de la famille royale, notamment avec LL. AA. RR. Mme la Dauphine et Mme la Duchesse de Berry, et toujours il fut traité par elles, ainsi que Mme des Rotours, avec une extrême bonté.

M. des Rotours, pendant son administration à Dreux, eut aussi l'honneur d'avoir et d'entretenir des relations assez fréquentes et suivies avec S. A. R. Monseigneur le duc d'Orléans, depuis roi des Français. Il conservait, comme des témoignages de la bienveillance de ce prince, plusieurs lettres signées de lui et une boîte en or émaillée, décorée du chiffre de S. A. R. Plusieurs fois, M. et Mme des Rotours eurent l'honneur de recevoir ce prince à la sous-préfecture ; et un fait assez digne de remarque et qui a en quelque sorte un caractère historique, c'est que Monseigneur le duc d'Orléans devait venir déjeûner à l'hôtel de la sous-préfecture, à Dreux, le 29 juillet 1830. M. des Rotours conservait la preuve de ce fait, consignée dans une lettre de M. Oudard, secrétaire des commandements de S. A. R., en date du 26 juillet 1830.

M. des Rotours avait été décoré de la croix de la Légion-d'Honneur, le 1er mai 1821.

Le caractère à la fois conciliant et réservé de M. des Rotours, la modération de ses principes, son respect général pour les convenances, sa connaissance des lois et des affaires, son habitude du travail, lui valurent l'estime et la confiance des divers préfets qui ont administré le département d'Eure-et-Loir, la bienveillance et l'affection des hauts personnages et des grands propriétaires avec lesquels il eut des rapports habituels, et la considération et l'attachement des habitants de toutes les classes de son arrondissement.

Rejeté en 1830 dans la vie privée, M. des Rotours eut, bientôt après la Révolution, la douce satisfaction de voir ses deux fils, MM. Léon et Alexandre-Antonin des Rotours.

établis conformément à ses vœux et trouver le bonheur que leur assuraient leurs mariages avec MM[lles] Marquier de Dampierre et Plichon (1).

Le goût des études sérieuses et du travail de cabinet adoucit pour lui les loisirs d'une vie inoccupée, souvent si pesants pour les hommes qui ont rempli des fonctions publiques.

Admis à faire partie de l'Association normande, M. des Rotours a payé son tribut à cette Assemblée, en publiant, dans l'*Annuaire* de 1837, un mémoire sur la nécessité de dresser des plans généraux d'alignement dans les bourgs et villages d'une certaine importance ; et, dans celui de 1839, un autre mémoire sur divers abus existant dans l'arrondissement de Vire, quant à l'usage des eaux des petites rivières et ruisseaux pour l'irrigation des prairies, et sur les moyens d'y porter remède.

Nommé, en 1834, membre du Conseil municipal de La Graverie, commune où est situé son château et qu'il avait administrée dans des temps orageux et difficiles, de 1809 à 1815, M. des Rotours mit tous ses soins, fit tous ses efforts pour y maintenir la bonne harmonie, et là, comme dans tout le cours de sa vie, il se montra l'ami de son pays, de la religion, du pouvoir et d'une sage liberté.

Le 24 novembre 1839, les électeurs du canton de Bény-Bocage le nommaient membre du Conseil général du département du Calvados, en remplacement de M. Courtoise, conseiller à la Cour royale de Caen (*Annuaire du Calvados* pour 1840 ;—*Almanach royal* pour la même année, p. 490).

(1) M. Alexandre-Antonin des Rotours, chevalier de l'Ordre impérial de la Légion-d'Honneur, élève des écoles militaires de St-Cyr et de Saumur, sous-lieutenant au 4e régiment de hussards, puis lieutenant au 14e régiment de chasseurs à cheval, démissionnaire en 1832, député au Corps législatif en 1863 (départem. du Nord, 2e circ.), est décédé à Paris, le 6 janvier 1867.

En cette qualité, membre de la Commission d'enquête sur le projet de canalisation de la Haute-Vire, entre Vire et St-Lo, et nommé rapporteur de cette Commission, il fit, sur l'utilité et la grande importance de cette voie d'eau, un travail étendu et qui a été cité par M. le Ministre des travaux publics, dans son Exposé des motifs du projet de loi sur la canalisation de la Vire entre Vire et St-Lo.

Appelé, plus tard, à présider la Commission d'enquête, chargée de donner son avis sur le projet d'un chemin de fer entre Granville et Falaise, M. des Rotours fit sur ce projet un travail qui, sur la demande de la Commission et par les soins de M. le Préfet, fut imprimé dans le *Journal de Caen*.

En 1848, M. des Rotours publia à Vire, chez Adam, in-8°, des réflexions dans lesquelles il combattait la disposition du projet de constitution qui interdisait le remplacement militaire. Ces réflexions furent insérées au journal *L'Ordre et la Liberté*.

Le 12 septembre 1859, M. des Rotours a été nommé membre de l'Institut des provinces, sur la proposition de la Commission des élections, dans une séance tenue à Paris.

Si, à ce qui précède, on ajoute que M. des Rotours a toujours été fort modéré dans son ambition, et qu'il a trouvé dans son union avec Mlle du Buisson de Courson un bonheur constant que n'altérèrent aucuns nuages pendant une durée de quarante ans, on reconnaîtra qu'il a été du petit nombre des hommes sur lesquels la Providence s'est plu à répandre ses bienfaits.

M. des Rotours avait adopté pour maxime et pour règle de conduite ce principe que chacun, dans sa position, doit se montrer ce qu'il est ; et il aimait à se faire l'application de ces vers d'Horace qui, en effet, lui convenaient à plusieurs égards :

Non agimur tumidis velis Aquilone secundo ;
Non tamen adversis ætatem ducimus Austris :
Viribus, ingenio, specie, virtute, loco, re
Extremi primorum, extremis usque priores.

HORAT. *Epist.*, lib. II, 2.

La dernière solennité à laquelle il fut donné à M. des Rotours de prêter le précieux concours de ses lumières et de son expérience, fut la session de l'Association normande, tenue à Vire en juillet 1859. Il y fut chargé de la présidence de l'enquête agricole. Personne n'a oublié avec quelle dignité, quel tact, quel atticisme il dirigea, pendant plusieurs séances, au milieu d'un auditoire nombreux, l'étude et la discussion d'un programme aussi riche que varié. Chacun remarquait à l'envi combien il personnifiait bien cette urbanité exquise et traditionnelle de l'ancienne société française, dont il était un des derniers et des plus dignes représentants. Et cet irrésistible ascendant, dont tout le monde se sentait pénétré et séduit, il le devait moins encore à la vénérable autorité de son âge qu'au prestige légitime qu'inspiraient son honorabilité, sa science et ses vertus.

M. des Rotours est mort en 1863.

Ses obsèques ont eu lieu à La Graverie, au milieu d'une foule recueillie, où tous les rangs de la Société et toute la contrée comptaient de nombreux représentants.

Les cordons du poêle étaient tenus par MM. de La Haye, président du Tribunal civil de l'arrondissement de Vire ; de Larturière, maire de Vire ; Mammès, sous-préfet, et Touroude, maire de La Graverie.

Le deuil était conduit par MM. Antonin des Rotours, chevalier de la Légion-d'Honneur, député de Lille au Corps législatif ; Léon des Rotours, de Bray-la-Campagne, fils du défunt ; Raoul des Rotours, baron de Chaulieu, ancien député, et Hugues des Rotours, ses neveux.

On remarquait dans le cortége : MM. les curés-doyens de Vire et Bény-Bocage, la plupart des ecclésiastiques des environs, MM. de Chavoy et de Pracontal, conseillers-généraux du département de la Manche ; Colombe et Le Rosey, chevaliers de la Légion-d'Honneur ; Adrien de Chavoy, de Campagnolles, de Guerpel, de Chênedollé, de Banville, de Baudre, de Boislauney, membres de l'Association normande ; Martin, secrétaire de la Société d'agriculture ; Le Normand, manufacturier ; les conseillers municipaux de la commune et une foule de propriétaires et d'agriculteurs.

(*Ann. de l'Ass. norm.*, année 1864.)

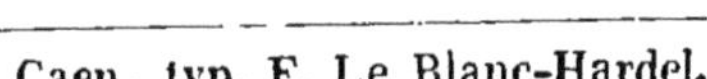

Caen, typ. F. Le Blanc-Hardel.

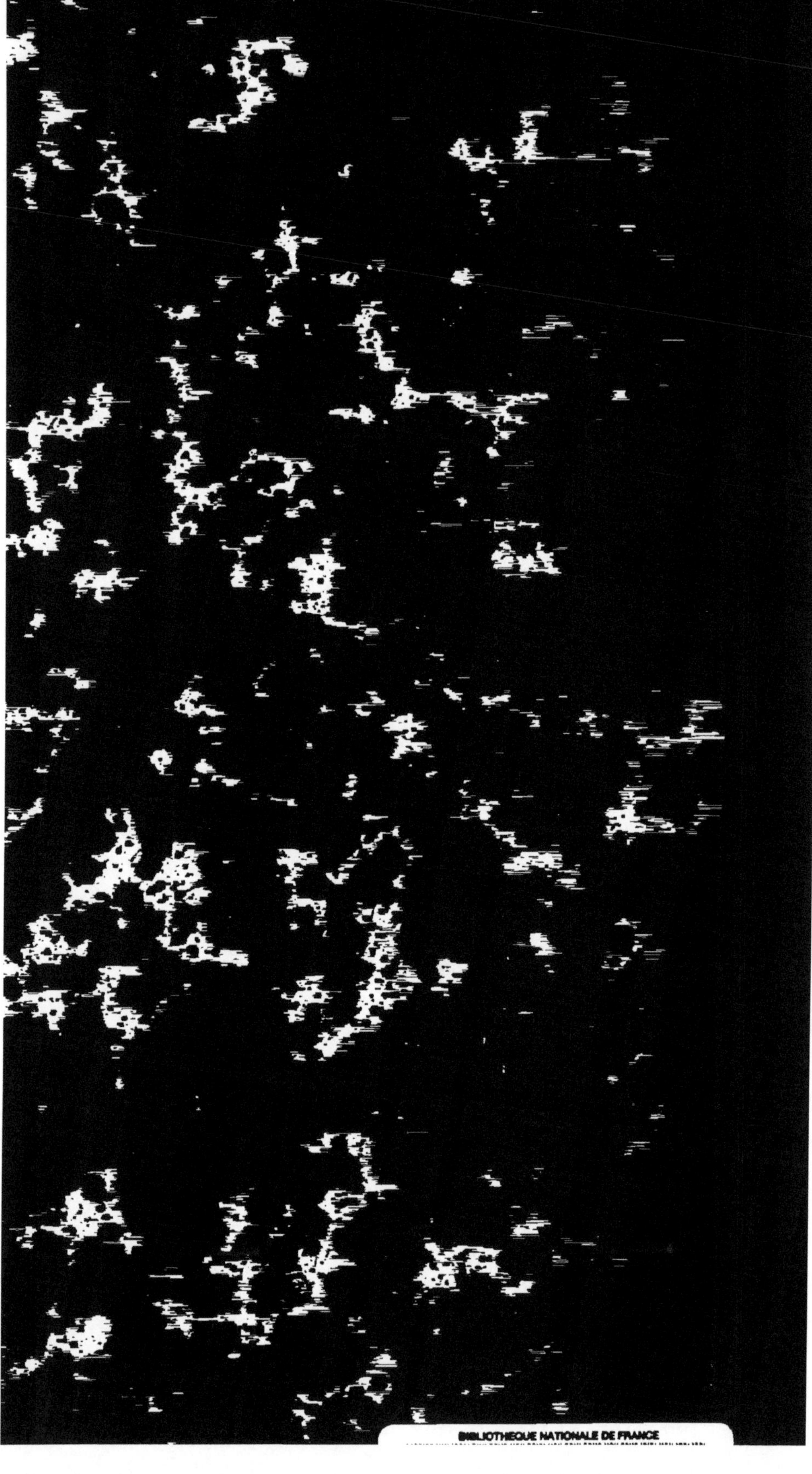

www.ingramcontent.com/pod-product-compliance
Ingram Content Group UK Ltd.
Pitfield, Milton Keynes, MK11 3LW, UK
UKHW020119200726
13856UKWH00002B/621